可持续消费促进机制及循环经济

邵 婧 李良星 著

机械工业出版社

本书从可持续消费理论及影响因素两方面阐述和分析了国内外相关研究现状，提出了基于商品可持续性信息的表征指标生成方法，研究了低碳消费促进机制的机理及促进方式。本书所研究的内容在生产和消费之间架构了沟通的桥梁，对促进低碳消费有重要的现实意义。同时，本书在回顾 2007—2017 年中国可持续消费行为的基础上，对可持续消费及循环经济商业模式进行了一定的探索研究，详述了汽车发动机再制造行业的循环经济模式，以及"从摇篮到摇篮"（Cradle to Cradle，C2C）的理念所带来的循环经济商业模式的转变。

本书可供从事循环经济研究的相关读者选用。

图书在版编目（CIP）数据

可持续消费促进机制及循环经济/邵婧，李良星著. —北京：机械工业出版社，2020.12

ISBN 978-7-111-67077-3

Ⅰ.①可… Ⅱ.①邵… ②李… Ⅲ.①消费经济学—研究 Ⅳ.①F014.5

中国版本图书馆 CIP 数据核字（2020）第 251445 号

机械工业出版社（北京市百万庄大街 22 号　邮政编码 100037）
策划编辑：常爱艳　责任编辑：常爱艳
责任校对：张　力　封面设计：鞠　杨
责任印制：常天培
北京盛通商印快线网络科技有限公司印刷
2021 年 1 月第 1 版第 1 次印刷
169mm×239mm・8.5 印张・1 插页・153 千字
标准书号：ISBN 978-7-111-67077-3
定价：49.80 元

电话服务　　　　　　　　　　网络服务

客服电话：010-88361066　　　机　工　官　网：www.cmpbook.com
　　　　　010-88379833　　　机　工　官　博：weibo.com/cmp1952
　　　　　010-68326294　　　金　书　网：www.golden-book.com
封底无防伪标均为盗版　　　　机工教育服务网：www.cmpedu.com

前　言

全球人口增加和消费增长导致了"全球生态透支"，不可持续消费行为既源于20世纪90年代以来发展中国家经济和人口的快速增长，也源于发达国家消费者的消费行为和生活方式。各国政府推行的可持续消费政策作用有限，当代大众的消费和生活方式存在的问题引起了各国政府和学界的重视。目前，绿色消费已经成为各国政府生态文明建设的原动力和化解环境危机的有效措施。可持续消费是人类面对资源、环境、生态、健康的生存危机，针对以往不可持续消费方式进行全面反思而提出的一种全新的现代消费理念，是一种超越自我、渗透着环境和健康意识的、高层次的理性消费方式。然而，由于消费者的可持续消费的消费动机和价值观念的改变较为困难，鼓励消费者向更可持续的生活方式和生活场所的方向改变变得十分复杂。从强硬的可持续消费政策来看，消费者不仅能够在推动产品和服务市场发展方向中发挥作用，还能够给国家的经济社会发展带来根本性变化，让消费者提升通过消费方式选择来履行大众消费权的综合能力。要实现可持续消费和生活方式，仅仅依靠单一的技术创新是不行的，需要社会创新的协同和配套来促进社会—技术系统的变革，从而促进可持续消费的实现。

本书从可持续消费理论及影响因素两方面阐述和分析了国内外相关研究现状。在分析中国可持续消费基本特征及企业履责信息的基础上，对已有商品可持续性表征指标研究进行了综述。本书以促进低碳消费行为为目的，研究分析低碳商品在生产及供应链环节对社会及环境的影响，据此提取商品的可持续性信息因子，基于消费者等利益相关者的需求，获得消费者对可持续性信息因子的重要性评价；采用结构方程模型分析得到各因子的权重、因子间的关系及其复合结构，进而生成商品可持续性表征指标。在此基础上，运用层次分析法获得行业专家对可持续表征指标的权重数据并进行分析，对可持续表征指标因子权重进行修正。最后，以新能源汽车行业作为对象，对上述提出的指标生成方法进行验证，生成新能源汽车行业可持续性表征指标，并研究低碳消费促进机制的机理及促进方式。本书的研究以为消费者提供商品可持续性表征指标为核心，为企业制定商品可持续性表征指标提供了理论与方法支持，在生产和消费之间架构了沟通的桥梁，对促进低碳消费有重要的现实意义。

同时，本书回顾了 2007—2017 年中国可持续消费行为的新趋势和研究课题，考虑了相关概念、国家政策和法规的不同定义、可持续消费与循环经济之间的差距和关系、消费者的绿色意识、各种影响因素、各种实验和模拟、消费者心理及创新工具、各类指标和促进者。研究表明，社会需要进一步规范和发展可持续消费模式和绿色消费行为，促进企业绿色经济转型，促进循环经济创新。本书从宏观经济角度阐述了中国可持续消费行为的进一步的研究方向，并探讨了如何促进可持续消费和循环经济。在此基础上，本书对可持续消费及循环经济商业模式进行了一定的探索研究，从循环经济的定义出发，分析了企业绿色经济转型研究现状，以汽车发动机再制造行业为例，探讨了我国汽车零部件再制造业的循环商业模式，并阐述了企业如何采用新的模式，以及如何改进以获得更好的商业模式。本书还介绍了新兴的"从摇篮到摇篮"（Cradle to Cradle，C2C）的理念，包括理念形成过程、内涵及其带来的循环经济商业模式的转变，并对制造企业循环经济实施策略进行了分类研究，发现企业需要根据其循环程度制定循环经济实施战略。

本书的撰写得到了多位国内外知名学者的支持和指导，包括西北工业大学车阿大教授、贾明教授，英国克兰菲尔德大学 Enes Ünal 副教授等。在此，作者谨对他们的悉心指导表示衷心的感谢！受能力所限，书中难免存在不足之处，敬请广大读者指正，以便作者在后续的研究中改进和完善。

作者

2020 年 9 月于西安

目 录

前 言
第 1 章 概论 ··· 1
  1.1 能源消耗概况 ··· 1
  1.2 关键概念体系 ··· 6
  1.3 可持续消费研究概述 ·· 8
第 2 章 可持续消费理论及影响因素 ··· 15
  2.1 理性选择模型 ·· 16
  2.2 相关理论 ·· 16
  2.3 相关模型 ·· 18
  2.4 态度—促进机制—基础设施模型 ·· 20
  2.5 影响因素 ·· 21
第 3 章 可持续消费现状 ··· 25
  3.1 中国可持续消费的基本特征 ·· 25
  3.2 消费者行为与企业履责信息 ·· 27
  3.3 全球实践纵览 ·· 31
  3.4 商品可持续性表征指标研究综述 ·· 32
  3.5 国内外研究现状小结 ··· 33
第 4 章 可持续消费促进机制研究——研究框架及方法 ······················· 35
  4.1 研究方案 ·· 35
  4.2 低碳商品可持续性表征信息的提取 ··· 37
  附录 4-1 指标因子比较——生命周期角度 ·· 42
  附录 4-2 指标因子比较——可持续发展角度 ····································· 44
第 5 章 商品可持续性表征指标及其结构研究 ···································· 46
  5.1 问卷设计 ·· 46

    5.2 在线调查及样本特征 47
    5.3 模型构建 50
    5.4 研究结果及结论 59

第6章 权重修正研究 64
    6.1 研究方法 64
    6.2 研究结果 67
    6.3 加快制定和实施可持续消费公共政策 71

第7章 中国可持续消费行为及循环经济发展现状 73
    7.1 研究背景 73
    7.2 研究方法 75
    7.3 可持续消费行为及循环经济研究 76
    7.4 新趋势及研究方向 81
    7.5 结论 82

第8章 可持续消费及循环经济商业模式探索 84
    8.1 循环经济商业模式定义 84
    8.2 企业绿色经济转型研究现状 85
    8.3 实践及案例——汽车发动机再制造行业 89

第9章 循环经济实践之"从摇篮到摇篮"实践 97
    9.1 "从摇篮到摇篮"的发展历程及内涵 97
    9.2 C2C 记分卡 99
    9.3 企业运营战略——循环经济实施视角 101
    9.4 制造企业循环经济实施策略分类研究 103
    附录9-1 "从摇篮到摇篮"认证产品标准 3.1 版 113

参考文献 117

第 1 章

概论

1.1 能源消耗概况

1.1.1 廉价资源和资源不平等占有现象

由于人们很早就对投资回报率较高的能源过量开采,造成了天然气等清洁化石燃料的剩余储量减少,土地、淡水和矿产等其他资源日益短缺,这引起了世界各国对环境和资源保护的逐渐重视,廉价资源的可获得性和实用性受到挑战。发达国家的能源和资源大多依赖国外进口,各国政府积极支持以跨国公司为主体的勘察活动、跨国合作和资本输出,以掌控和占有国外的战略性矿产资源,并通过世界矿产资源市场体系来利用全球资源,满足国内矿产资源需求,保持国内企业的竞争优势和保障国民的消费。Schor 研究发现,利益分配机制的有效性和不平等性并存,经济较强的国家通过资金来换取经济较弱的国家能源和生物质资源的贸易行为是一种影响环境的不平等交换,经济较弱国的极低劳动力报酬的采矿业、农业和工业为经济较强国提供了廉价产品。在贸易全球化和资本流动自由化的前提下,生产体系变得"非本国所有化",经济较弱国家的政府对环境管制减弱有助于企业降低生产成本,但这样的受到经济全球化冲击的国家监管权力很难应对全球化带来的挑战。

全球经济增长的能源主要依赖于化石燃料,因为化石燃料具有易开采、成本低和高回报的优点,而污染环境的负外部性缺点没有得到充分重视。生产者使用化石燃料造成各种污染的负外部性基本上没有得到补偿,对经济增长的负面影响明显加大。积极探讨这个问题,既能支撑经济发展,又能保证勘查、开发、生产和消耗过程中对环境、经济和社会的负面影响不突破底线的能源可持续发展方式,是政府和学界需要解决的可持续消费和生产的重要问题。

虽然资源的回收利用可以弥补资源短缺,但是,资源回收利用需要巨大的资金投入和先进的技术支撑，这使得发展中国家的能源和资源企业往往力不从心。Campbell 研究发现，随着全球人口和经济的增长，资源竞争加剧主要表现在包括能源在内的资源价格升高，如美国的页岩油气开发。如果美国等国家的页岩气开发能够压低能源价格，则贫穷国家能够继续提供廉价资源和产品，传统的消费增长模式可能得到恢复。然而这也会使得全球的资源节约和生态、环境保护非常困难，从而导致全球碳排放量大幅增加和生态系统持续恶化。

1.1.2　中国能源消耗概况（碳排放权交易市场）

全球气候变暖是人类面临的最严重的环境问题之一，碳排放权交易是为促进全球温室气体减排、减少全球二氧化碳排放所采用的市场机制。碳排放权交易的基本原理是合同的一方通过支付另一方获得温室气体减排额。碳排放交易体系是以控制温室气体排放为目的，以温室气体排放配额或温室气体减排信用为标的物的交易体系。它是人为建立起来的政策性市场，目的是在特定范围内合理分配碳排放权资源。碳排放权交易有助于引导资本流动与绿色低碳转型方向一致，为排放主体选择减排技术和途径提供了更大的灵活性和经济激励。

按照化石燃料燃烧后的温室气体排放量进行征收的税款称为碳税。碳排放权交易的类别可分为强制性（强调规定温室气体排放减排目标的国家有效提供碳排放权交易平台）和市场性（一级市场是对碳排放权进行初始分配的市场体系，二级市场是碳排放权的持有者展开现货交易的市场体系）。

碳排放权具有一定的协同作用，它可以改善本地空气质量，保护当地生态多样性，获得其他协同效益。碳排放交易体系的工作原理为：相关政府机构设定其经济体中的一个或多个行业的碳排放总量，并发放一定数量的可交易配额。通过 MRV 体系，即监测（M）、报告（R）和核查（V），收集碳排放数据和信息，披露数据报送或信息，并针对碳排放报告进行定期审核或第三方评估。这三个要素是确保碳排放数据准确、可靠的重要基础和保障。

国际碳排放权交易市场分为碳排放配额市场、减排项目市场。减排项目市场分为一二级市场。目前欧盟配额市场的碳排放权交易量与交易额始终占据全球总量的 3/4。欧盟排放贸易体系包括运行阶段（2005—2007 年），过渡阶段（2008—2012 年），稳定阶段（2013—2020 年）。而新型碳排放权交易市场包括美国加州、美国 RGGI、新西兰、韩国等。中国也面临同样的挑战，为此，2007 年国家发改委发布应对气候变化国家方案 17

号。2008年，中国在天津、北京、上海建立碳排放权交易平台。2009年，哥本哈根气候大会上，中国提出2020年单位国内生产总值二氧化碳排放比2005年下降40%～45%。2010年，"十二五"规划要求建立碳排放权交易体系，即开展低碳省市试点。2011年，低碳试点工作启动，北京、天津、上海、重庆、湖北、广东开展碳排放权交易试点，自此拉开了我国碳排放交易的序幕。

2013年，国家发展改革委办公厅印发了《中国发电企业温室气体排放核算方法与报告指南（试行）》等文件，首批企业涉及中国发电企业、电网企业、钢铁生产企业、化工生产企业、电解铝生产企业、镁冶炼企业、平板玻璃生产企业、水泥生产企业、陶瓷生产企业、民航企业共10个行业企业。2014年，第二批涉及企业有中国石油和天然气生产企业、石油化工企业、独立焦化企业、煤炭生产企业。2015年，第三批涉及企业包括：造纸和纸制品生产企业；其他有色金属冶炼和压延加工业企业；电子设备制造企业；机械设备制造企业；矿山企业；食品、烟草及酒、饮料和精制茶企业；公共建筑运营单位（企业）；陆上交通运输企业；氟化工企业；工业其他行业企业。同年中国在巴黎气候变化大会上承诺，到2030年，单位国内生产总值二氧化碳排放比2005年下降60%～65%。2017年，全国碳排放交易体系正式启动，覆盖以下重要行业：石化、化工、建材、钢铁、有色、造纸、电力、民航。

首个被纳入我国全国性碳市场的行业是发电行业。根据标准，年排放达2.6万t二氧化碳当量或综合能源消费量1万t标煤及以上、装机容量6000～7000kW级以上的独立法人火电厂都会被纳入全国性碳市场。按此推算，发电行业的整体碳排放量约为30亿t二氧化碳。但近十年，发电行业已经通过技术升级优化了整体的碳排放水平。2016年，我国火电单位发电量二氧化碳排放约844g/(kW·h)，比2005年下降19.5%。到2017年年底，我国非化石能源发电装机容量6.9亿kW，占总发电装机容量的比重为38.7%。2017年增加福建试点。2018年交易的碳排放配额约7800万t，2019年交易的碳排放配额约9300万t。所有试点的总价值高达2.72亿欧元，同比增长40%。

中国碳排放权交易法律体系作为全国统一配额的法律法规基础，需要较高阶位法支撑。需建立一套完善、统一的碳排放权交易体系，这对于配额的信用保证、市场价格稳定及风险控制有着基础作用。同时还需建立惩罚办法，既是违约重点排放单位的惩罚依据，也是对于市场公平的配额价值保证。

法律法规制度构成设计需建立：

（1）顶层法律设计：应当出台高层级的立法，保障碳排放权交易约束力的强制性，保障司法救济的有效性，从根本上明确碳排放权的法律性质。

（2）碳排放核算、报告与检查制度建设：准确的碳排放数据是碳排放权交易发挥温室气体排放总量控制作用的基础，是合理分配配额、完成碳排放权履约的前提。

（3）重点排放单位配额管理制度建设：包括配额分配、配额注册登记和清缴履约管理等制度建设，是全国碳排放权交易的核心制度。

1.1.3 供给侧到消费侧转变

全球人口增加和消费增长导致了"全球生态透支"，各国政府推行的可持续消费政策作用有限，当代大众的消费和生活方式将会使全球资源难以为继，引起了各国政府和学界的重视。这种不可持续消费行为既源于20世纪90年代以来发展中国家的经济和人口快速增长，也源于发达国家的消费者行为和生活方式。

行为科学在经济学领域受很多学者追逐，2017年的诺贝尔经济学奖获得者为主攻行为科学的Richard Thaler教授。Richard Thaler教授从行为角度上对非理性的一些行为做了系统梳理，也为从行为角度上开启研究提供了非常好的思路。在能源经济领域，随着环境问题，排放、能源使用量的增加，这个问题受到的关注非常多，我们之前特别强调效率、技术投入、技术升级，这是我们之前工作的一个非常主要的方式。然而，多年来节能减排努力的实践表明，单纯依靠技术积累，实际上节能减排的效果并不是特别理想。因此，在节能减排的同时，还需从其他方面思考如何提高整体的碳排放和能源使用效益。

从行为学角度开展节能减排研究成为大家关注的一个热点问题。国际学术期刊《自然气候变化》《科学》《自然》都做出报道或引导，说明从行为学角度上探讨节能减排、减少碳排放的活动，已经成为一个热点研究问题，因此，从行为学角度展开研究具有重要的价值。实际上，随着近十年来国际主流学术期刊的关注，中国学者对这个领域的研究也在逐渐增加。

众多研究关注于两个与能源相关的非常重要的热点话题：在消费领域主要关注家庭用能，在交通领域主要关注绿色出行。对于消费者在购买过程中对低碳产品绿色购买行为机理研究，可以帮助改善整体消费环境。阿里研究院在前几年的研究中，对消费群体的关注已经发现，购买产品过程中存在绿色购买、绿色消费的消费者群体在不断增长。这些消费者在购买过程中，注重考虑所购买产品的节能性、环保性，尽管有时候产品的价格可能会比一般产品高。因此，对消费者购买过程中的推动力、行为特征、促进绿色消费的机理的研究，有利于提高整体环保水平。

目前，绿色消费已经成为各国政府生态文明建设的原动力和化解环境危机的有效措施，DEFRA 研究英国市场时发现，市场份额不大的绿色产品是一个蓬勃发展的新兴产业，2013 年英国的低碳、环保和可再生能源产品的销售总额达到 1090 亿英镑。The Co-operative Group 提供了一个更全面的测量标准，发现 2012 年英国绿色的金融服务、家庭用品、食品和生态旅游的消费总额为 472 亿英镑，比 2008 年金融危机时增加了 117 亿英镑。英国等发达国家的可持续消费政策主要鼓励绿色的、有限的消费方式，侧重消费资源节约型产品，而把有机产品和合乎道德的绿色产品排除在主流政策之外，这种可持续消费政策主要体现在第三方机构倡导的和可持续消费文化涉及的政策之中。

在经济持续增长的前提下，软弱的可持续消费政策也可以称为绿色发展政策，强调资源利用的效率提高和技术创新，主张通过技术方案和市场途径实现可持续性消费，却无法保证生态、环境、资源、社会和经济的可持续发展。强硬的可持续消费政策要求进行社会变革，强调自给自足地促进经济增长，呼吁生产和消费环保产品，寻求解决消费的公平公正，实行能源消费的总量限制，避免可持续消费的"反弹效应"。学者们认为，人类的聪明才智能够促进这两种可持续消费政策的实现，要为软弱的可持续消费政策提供技术解决方案，为强硬的可持续消费政策完成社会制度创新。Akenji 研究发现，软弱的可持续消费政策往往是自上而下形成的，而强硬的可持续消费政策更多是自下而上产生。绿色消费被认为是软弱的可持续消费政策。

Goodman 等人研究发现，全球可持续消费文化潮流已经兴起，在自助阅读书籍、电视生活节目、报纸杂志文章和名人代言等方面多有体现。Clarke et al 等人证实：很多第三方组织把可持续消费融入宣传活动中，宣传了政府可持续消费政策的合理性和可行性，除了鼓励消费者参加和平抗议和签署请愿书等活动以外，还让消费者积极履行可持续消费义务，抵制买卖不利于保护资源环境的有关商品，把消费选择转变为一种集体行动，利用相关商品的销售统计数据来游说政府，以便推动政府的消费政策变革。Paterson 和 Strippl 等人基于"绿色"或"生态治理"的理论视角研究发现，可持续消费不完全是政府政策直接驱动，政府权力不仅体现为国家直接行使的惩罚权，还体现在通过媒介机构传播政府政策合理性来间接影响消费者行为方面。此外，还可以通过半官方机构、第三方组织、企业、行业组织和个人在内的一系列利益攸关方参与，达到构建、影响和传播可持续消费政策的目标。

可持续消费是人类面对资源、环境、生态、健康的生存危机,针对以往不可持续消费方式进行全面反思而提出的一种全新的现代消费理念,是一种超越自我、渗透着环境和健康意识的、高层次的理性消费方式。然而,鼓励消费者向更可持续的生活方式和生活场所的方向改变是一个复杂的过程,表现为消费者可持续消费的消费动机和价值观念的改变比较困难。

1.2 关键概念体系

1.2.1 可持续消费

联合国环境规划署于1994年首次定义可持续消费为:提供服务以及相关的产品以满足人类的基本需求,提高生活质量,同时使自然资源和有毒材料的使用量最少,使服务或产品的生命周期中所产生的废物和污染物最少,从而不危及后代的需求。国际环境与发展学会定义的可持续消费概念关注消费者选择、购买、使用和处置产品和服务等行为,并且关注如何通过改变这些行为来增加社会效益和环境收益。

1999年,联合国环境规划署强调可持续消费不是要降低消费水平,而是要更有效率地消费并提高生活质量。2001年,联合国环境规划署再次定义,可持续消费是一个涵盖性概念,包括了对于解决如何提供更好的服务以满足生命的基本需求,保证人类各个世代的持续发展,同时减少危害人类健康的环境损害这一个根本问题,需要涵盖的一系列具有可持续特征的内容,包括满足需要、提高生活质量、提高效率、废物最小化、全生命周期的视角、考虑消费公平的问题等。

有学者认为,人类的消费行为及其对环境和资源的影响,表现为以家庭为核心的社会单元对环境产生的直接与间接的影响;也有人认为,可持续消费是在更生态和更符合社会发展的前提下,对产品或服务的购买、使用和回收处置的一系列活动。

进一步,可持续消费应划分为广义的可持续消费与狭义的可持续消费。广义的可持续消费包括可持续的自然资源消费(如水、土地、森林、矿藏等)、可持续的生产资料消费(主要是指劳动资料和经过加工的劳动对象的消费)、可持续的商品消费(主要是指衣、食、住、用、行等方面的生活资料的消费)和可持续的劳务消费(主要是指衣、食、住、用、行等方面的服务性消费)四大方面。而狭义的可持续消费主要是指可持续的商品消费和服务消费，并在一定范围内涉及自然资源消费，可以进一步区分为强可持续消费与弱可持续消费。

1.2.2　绿色消费

可持续消费的源头可以追溯到绿色消费。1988年，《绿色消费指南》出版，其核心是提醒消费者如何用自己的购买行动去鼓励厂商和零售商努力践行环保。《绿色消费指南》提出了绿色消费者在选择和购买产品时的绿色准则，这种绿色准则贯穿于产品的原材料获取、制造、使用和废弃产品的最终处置等生命周期的全过程。20世纪，我国学者对于绿色消费的研究与宣传推广也引起了社会各界对于绿色消费的关注，在我国消费者生活水平显著提高的阶段引导了消费者从吃、穿、住、用、行等方面关注自身的消费选择。

绿色消费最初的含义是指消费者消费时选择对环境友好的商品，避免使用某些对环境有危害的产品的消费行为。可以说在相当长时间内，我们对这个产生于西方绿色消费运动的概念的内涵的理解依然停留在狭义的绿色购买阶段。1999年，国际环境与发展研究所的Nick Robins在印度新德里召开的清洁生产国际会议上做了题为《可持续消费：前面的道路》的发言，认为可持续消费已经远远超出了20世纪80年代末"绿色消费者"运动的范畴。绿色消费者运动的重点是在生态标志等温和政策行动的支持下，为小康型消费者市场提供生态产品，这种产品市场的范围有限。

1.2.3　二者关系辨析

可持续消费相对于绿色消费来说，有以下五个突出的特征：

（1）整体性——使产品和服务为可持续发展服务——满足基本需求、改善生活质量、提高效率而不仅仅是降低环境损害。

（2）前瞻性——解决需求模式改变的根本问题——市场模式、人口、社会和文化价值、技术、法规和法律基础。

（3）战略性——使用需求方的杠杆作用，平衡长期的社会、经济和环境利益。

（4）全面性——不仅影响消费者个人的消费行为，还影响集团（形成供应链）和公共部门的购买、使用和处置选择。

（5）创新性——改变消费模式是一种新的环境政策，需要革新传统的法制、文化和市场手段。

1.3 可持续消费研究概述

1.3.1 全球可持续消费与生产研究

1.3.1.1 发达国家对可持续消费的研究

可持续消费与可持续生产（SCP）是在发达国家首先提出的概念，与我国的"节能优先战略"有相近之处。自20世纪90年代提出SCP以来，发达国家对可持续消费及生产的研究不断强化，认识也开始发生变化。

可持续消费和与其并列的可持续生产（SCP）是在20世纪90年代国际社会的环境保护力量呼吁可持续发展的过程中形成的。其权威出处是1992年联合国环境与发展大会（里约峰会）通过的《21世纪议程》。该文件第四章指出：全球环境不断恶化的主要原因是不可持续生产方式与消费方式，特别是工业化国家；并号召各国"促进可持续生产方式与消费方式"（即减少环境压力并满足人类基本需求），更好地理解消费的作用，形成更加可持续的消费模式。这足以可以说明消费侧的重要性。

1. SCP前期努力阶段——1992—2002年

国际组织与一些发达国家在研究SCP，特别在探索可持续消费方面做了大量工作。其中包括：关于可持续消费的国际圆桌会议；联合国秘书处经济与社会事务部（UNDESA）发布关于改变生产方式与消费方式的国际工作计划；"里约+5"会议上，在可持续发展争论中，各国政府明确"可持续消费"是可持续发展中占据最重要地位的一个"横向主题"；1997年后，OECD联合国秘书处经济与社会事务部、EU关于SCP的项目研究报告公布。联合国开发计划署（UNDP）的《人类发展报告》中明确了关注关于消费的话题。"改变消费和生产方式"已被认同为支撑可持续发展的三大目标之一。

2. SCP新阶段——2002年至今

2002年世界可持续发展峰会的主要成果是公布了"实施计划"，特别是号召各国政府支持《可持续消费与生产的10年计划框架》，而在这次大会文件中阐明的SCP的内涵较《21世纪议程》具有更强的可操作性。

2003年，由UNDP与UNDESA推动的《可持续消费与生产的10年计划框架》开始实施。它的活动包括国际、国家、地区三个层面，方法是举行专家会议、圆桌会议（其中包括2006年的北京会议）、专题研究组，在有关范围提出SCP框架、战略与行动计划，促进各有关方面合作与对话。

1.3.1.2 中国对可持续消费的研究

在中国，政府大力支持低碳经济的发展。2009年，时任国务院总理温家宝指出，中国需要通过开发包括低碳排放在内的经济增长新方式来树立榜样。在2010年中国第十一届全国人大第三次会议上，温家宝再次强调，中国将建立以低碳排放为特征的工业体系和消费模式，这表明了政府发展低碳经济的决心。

根据文献，低碳消费模式有三个主要方面。一是引导消费者选择未受污染的产品或绿色产品；二是重点发展垃圾处理模式，减少环境污染；三是鼓励消费者改变消费心态。最终通过平衡健康、自然、舒适的产品需求，同时节约能源和电力，实现可持续消费。

可持续消费是绿色、温和、文明和健康的，包括绿色消费和适度消费。许多学者和专家已经定义了绿色消费的概念。2001年，中国消费者协会将绿色消费的概念概括为三个目标：①鼓励消费者选择有益于健康或无污染的绿色产品；②合理处理消费过程中的浪费；③引导不断变化的消费观念，在追求舒适和健康的同时，更加注重环境保护、资源节约和可持续型消费。

随着科技的飞速发展与社会进步，人们深刻意识到发展循环经济必须坚持可持续消费，即坚持绿色消费。学者们逐渐认识到，除了依靠宏观的政策层面来提倡居民的环保行为，还必须进一步关注和研究消费者可持续消费行为的集体效应。因此，引领可持续消费模式的方法和政策研究逐渐引起了政府和研究学者的重视。从生态现代化视角来看，公民即消费者是实现可持续发展的关键性力量，通过加强公民即消费者参与环境决策的合法性和有效性，推进环境信息公开化、透明化以及环境治理民主化，可以发挥公民即消费者对可持续生产和消费的驱动作用，实现环境和社会发展的可持续性。

可持续消费又称为绿色消费、低碳消费。中国近年来高度重视企业的可持续发展。2014年10月29日，国务院召开的部署推进消费扩大和升级的常务会议上，已将促进绿色消费、推广节能产品作为六大消费推动领域之一。许多学者、专家给予了绿色消费不同的定义。崔风暴认为，低碳消费的含义除了降低消费碳排放之外，还包括低碳商品的选择行为，更加强调其引致低碳的功能，即居民对低碳商品和服务的消费行为会产生强烈的市场需求信号，引导或激发企业的低碳消费行为，以满足市场的低碳品需求，进而促使企业降低消费碳排放，向绿色增长转型。除了要重视监管企业对废弃物的处理，还应推行绿色消费模式，以绿色消费倒逼企业绿色经济转型。

对于消费者来说，不可持续的消费模式是很难改变的，因为这些变化取决于个人的购买行为。消费模式总是在变化，并且基于几个内部因素和外部因素。在大多数情况下，首要因素是提前期和成本，而不是可持续性。

1.3.2 反弹效应

虽然绿色消费符合生态保护的现代理念，但很多消费和生产可能造成更大程度的环境破坏，因此绿色消费能够避免破坏环境的观点受到了一些学者的质疑。

1. 反弹效应理论

反弹效应理论（Rebound Effect）是指在一些情况下，那些从更高效的技术获得的能源节余，被用来促进能源服务消费的进一步增长。例如在工业化国家，尽管汽车的耗油和污染物排放大大改进，但由于汽车数量更多，行驶里程更长，结果燃油耗量、用于制造的资源、占地、二氧化碳排放量等更多了，总体上没有真正改进。在英国，1999—2003年，平均每台洗衣机、洗碗机、制冷设备耗能分别下降4.5%、9.5%、6.7%，但总能耗分别增长了18.5%、6.8%和下降了2.2%。注意，同期洗衣机、洗碗机、制冷设备的数量分别从2040万台增加到2540万台、从560万台增加到650万台、从3600万台增加到3770万台。可以说，反弹效应理论促使发达国家的一些决策者注意到并部分解释了一个他们曾经不经意的政策效果问题——从整个经济角度看，它从技术效率的提高中最终真实得到的能源节约数量要少于它们（效率改进）的直接影响。"反弹效应"一词不仅出现在学术讨论中，在《改变方式——可持续消费与生产的英国政府框架》中也有近一页的专栏加以说明。

当然究竟有多少节能是以这种方式（反弹效应）被"吞掉"的，学者们估计的结果不一样，有的说极少，有的说几乎100%，居中的估计是：20%从能效提高得来的节能又被它促进的经济活动增加量收回去了。

发达国家的历史经验说明：能效提高对减缓能耗总量增加的贡献是不可否认的。OECD国家在效率提高时能源消耗总量不降反升的现象主要不是由"反弹效应"造成的，而是有更宏观的因素：总的社会生产率提高（包括能耗的提高）被用以推动GDP的增长，从而带动了更多经济活动，导致能源需求量增加。

关于反弹效应理论，还应补充两点。一是反弹效应的大小取决于一个国家的发展水平、经济结构等因素。发展中国家由于能源等生产要素相对价值高（相对于劳动力要素），能效提高对经济增长的贡献要比在发达国家更为突出。二是反弹效应理论是建立在社会对能源服务不知足、不限制的假设之上的。

2. 资源效率与消耗总量的关系

在效率提高时能源消耗总量不降反升的现象引起了一些学者对欧洲保护能源政策的反思。他们甚至反问：将提高效率与减少总量混为一谈是不是一个"自欺的"能源政策？并提出了"技术效率陷阱"的警告：（欧洲）能源保护政策经常被表面上显得巨大的技术效率所蒙蔽，因而常自陷于一个悖论之中——他们鼓励的方法可能实际上在增加能源的使用。反弹效应已指出，一些微观的能耗指标尽管是很合规范的，但如果被简单片面地用来指导节能工作，可能也会出现问题。例如，人们加热地板用每平方米面积年度能耗量来度量住房取暖的技术能源效率，事实上许多面积大一些的房子总能耗量更大，但是由于几何效应其地板单位面积年度能耗量反而小，因而被认为更有效率。又如大型冰箱、大排量轿车都有此类问题。从宏观效率看，也有类似"陷阱"：一个工业化国家，经济体量越大，能源效率越容易"自动地"借助于单位能源贡献的 GDP 获得，实际上这主要来源于规模经济效应，或因为正处于转向轻型化结构、服务业发展更快的阶段。

1.3.3　可持续消费与深刻的社会变革

人们优先考虑通过提高效率减缓资源和能源的压力，使用能源与资源的效率已经大幅度提高，但人们消费行为的改变涉及面太广，人类从消费侧的深层次努力成为越来越重要的可持续性发展的课题。重要的是，人们急需理解：我们从消费品中期望得到的是什么？我们是否成功地满足了消费者的购买倾向？什么是驱使消费者期望的主要力量？消费行为的内在机理是什么？

心理学、社会学、人类学、生态经济学等学科做了大量研究，探讨了一些关键的问题。例如，他们努力研究消费与幸福感的关系，发现两者的区别。有实证研究显示：人们对物质化价值的追求远不仅是为了改善生活质量，而是为获得心理的幸福感。学者们通过对物质产品占有的社会符号作用的研究，发现现代社会中商品的符号性质在凸显社会尊严、维护社会能力、维系社会关系中发挥着至关重要的作用。还有研究说

可持续消费促进机制及循环经济

明:一些被批评得过度的、不必要的消费未必都是故意炫耀奢华,而有更经常或更深层的原因——社会已经认为这种消费是一种普通消费,并不是为了炫耀。消费者自己已被"锁定"在不可持续的消费模式上——不管是被社会所规范(它超越个人控制力),还是被制度背景所限(个人只能在其内谈判)。这些无不造成了可持续消费政策制度的复杂性与困难。

"消费者主权"的说辞已主宰西方经济学、甚至政治学几十年了。但是坚持1992年《21世纪议程》改变生活方式理念的人认为"消费者主权"的说辞是不正确的,无助于推动人类消费行为的改变,特别是它把消费品选择当作个人的事,事实是消费行为不能摆脱消费者受到的社会的、心理的、制度的影响。上述研究提供的实据表明:公共政策在社会大背景(我们的活动都在其中)的设计与形成中应起至关重要的作用。可以预计:改变消费者行为向政府的作用提出了新的、重大的要求。

Watson 等人对欧洲的消费和生产分析发现,不断增长的绿色消费有反弹效应,因为资源利用率提高带来的环境收益抵消了不断增长的大众消费。但是,更多的学者认为非绿色的生产和消费会造成环境破坏。Barrett & Scott 研究了不同商品和服务对不同生态系统造成的破坏程度,发现这种破坏不可能通过提高资源利用率来解决。

Hinton 研究发现,生态效率掩盖了绿色产品对社会和环境带来的负面影响。联合国气候变化专门委员会(IPCC)重视可再生能源技术创新和推广,把它作为经济脱碳、减缓气候变化和保证能源安全的重要手段,鼓励消费可再生能源,虽然这种清洁能源的生产过程对社会和环境有负面影响,比如太阳能光伏电池板的生产过程对人体健康和自然环境产生了一定的危害。

Low & Davenport 研究了产品认证方案的作用,通过挑战价值分配的新生产商和分销商来寻求方法用来改变传统的、掠夺式的全球生产和贸易关系。但是,Goodman 对这种"反霸权项目"实现的可能性表示质疑,称其为"公平贸易的浮士德交易"。也就是说,随着企业产品质量的提高、市场占有率的扩大和市场主导地位的形成,企业产品交易都是超级垄断市场交易的"不幸事物",都是以公平贸易生产者进入市场的壁垒增高和透明度降低作为代价的。从另一个角度来看,为了保证质量、创造价值和开拓市场,生产商必须获得的产品认证可能带来过高的经济成本和社会成本,但这种成本增加了政府的财政收入和官员"寻租"的途径。

有学者认为,消费者感知能对可持续消费产生影响,如果消费者能够感觉到自己消费的产品对环境和社会有负面影响,就可能以可持续消费方式行事,特别是典型消费事件引发的负罪感或自豪感可以对消费者产生很大影响。20世纪90年代中期以来,消费者对环境、社会以及道德问题的关注,不仅表现在个体购买行为发生变化,还表现在欧美等发达国家掀起了一场"道德消费者运动",形成了道德消费主义潮流。

1. "道德消费者运动"

道德消费又称良知消费,是指购买符合道德良知的、没有伤害或剥削人类、动物或自然环境的商品。道德消费主义者比较关注社会和经济发展的可持续发展,不太关注消费对环境效益的影响,主张以合乎公平或道德刚性的可持续消费方式来改变企业的生产组织方式。

反消费主义反对以财富购买、占有和消耗作为人生的终极目的,反对提前消费、过度消费,反对广告、品牌与时尚,倡导可持续消费与绿色消费,倡导简单的生活方式,倡导精神财富,倡导人的全面发展。

自愿简朴生活是指消费者的"外表简朴而内在丰富的生活方式",个人的成长、成就感、创造力、独立性、自立、健康和真实性等个人消费和生活的品质,可以通过节俭消费、自给自足的消费行为和小规模、分散化的消费组织进一步得到提升。Shove认为简朴生活不是反资本主义和反消费主义,自愿简朴生活的人群往往消费经济耐用、资源有效、制造简单的可重复使用的、包括二手产品在内的产品,同时还要降低自己的总消费水平、共享产品和自己动手生产产品。自愿俭朴生活的消费者可能改变购买产品种类,还可能改变职业、接受较低工资和缩小住房面积,甚至在新型消费社区集体生活。

2. 大众消费权与消费实践

从软弱的可持续消费政策来看,为了推动可持续消费产品市场的发展,消费者有权适当了解不同产品的有效性和有害性,能够通过决定购买产品数量来影响产品市场的发展变化方向。随着社交网络技术应用的普及,技术接受程度作为支持社交网络技术应用和促进可持续消费的手段,技术的客观规范、操作简便和绿色信息质量对社交网络技术的应用影响最大,社交网络技术的应用普及是实现可持续消费的重要前提。

从强硬的可持续消费政策来看,消费者不仅能够在推动产品和服务市场发展方向中发挥作用,还能够给国家的经济社会发展带来根本性变化,提升了通过消费方式选择来履行大众消费权的综合能力。

消费者在享有自由消费权利的同时,也应该承担相应的责任,不能以损害其他人的消费权利为代价。

3. 社会—技术系统供给与消费转型

实际上，单纯依靠技术积累节能减排效果并不特别理想，我们必须从其他方面思考如何提高整体的碳排放和能源使用效益？要实现可持续消费和生活方式，仅仅依靠单一的技术创新是不可行的，需要社会创新的协同和配套来促进社会—技术系统的变革，从而促进可持续消费的实现：

一是技术、基础设施和工业网络，二是用户行为和市场、技术文化，三是标志意义、部门政策和技术科学知识，必须改变社会—技术的供给系统，以便使资源节约和环境保护的可持续消费和生产政策更加持久。研究重点主要聚焦在可持续发展的社会—技术系统转型研究。

第2章
可持续消费理论及影响因素

为了加速可持续消费和生产的转型，世界各主要发达国家和政府均认识到，需将公众行为及其需求作为可持续发展的动力及核心。欧盟于2011年将"改变不可持续的消费和生产模式"确立为"可持续消费与生产的10年计划框架"的目标。美国学者 Colglazier 在 Science 上明确指出，为公众提供有效信息、建立知识社会（Knowledge-based Societies），是实现2030年可持续发展日程的关键。另外，加拿大及美国的学者2016年联合发表在《自然》上的研究提出，可持续发展的政策制定者必须将社会公众的行为及利益相关者的需求作为核心，只有这样才能实现真正的可持续和公平。

本章从可持续消费理论及影响因素两方面来阐述和分析国内外相关研究现状。

为激发每个消费者转变行为模式，首先要弄清楚可持续消费行为背后的驱动因素和作用机制，因为生产行为更具理性，因此消费行为的转变较生产方式的转变更困难，消费行为受多种因素的影响，其中包括很多非理性因素，各种因素的影响程度存在差异，作用过程非常复杂。经济学的消费需求理论是最早的消费者行为理论，将该理论应用于分析可持续消费问题需要补充许多要素，如形成消费行为的社会心理因素、制约消费决策的技术与制度条件等。

可持续消费行为多角度研究于20世纪70年代在美国展开，90年代研究热潮又转移到了英国、瑞典等欧洲国家。理解消费者行为、制定影响消费行为的政策都基于特定的消费行为模型的建立与分析。一个消费行为模型应该包括模型的前提条件、影响因素，以及这些影响因素发生作用的信息。模型为探索某种特定行为关键影响因素提供了初步探索的工具，同时也为对特定地区、特定消费行为的形成和激励进行实证分析与预测提供了基本逻辑框架。本章将以可持续消费行为模型为线索，详细地讨论可持续消费行为的影响因素及其作用机制，得到可持续性消费行为的一般规律。

2.1 理性选择模型

对消费者行为的综合性研究始于 20 世纪 50 年代。经济学家从经济学角度用模型来解释消费者选择的原因和过程，根据由价格、收入和供给数量的变动而导致的效用或需求偏好的改变，通过个体的经济行为来说明市场机制的运行和作用，并由此提出如何改善市场运行状况。经典的"经济人"假设是该模型的基石。该理论由四个要素组成：①消费者可支配收入；②商品的价格；③消费者偏好；④消费者效用最大化行为假设。也就是说，在一定的收入限制下，消费者从一系列商品中做出选择以满足其最大化主观期望效用的目标。

根据消费者偏好模型，如若改变消费者的行为模式，应该关注一系列影响个人的成本和收益以及个人偏好的因素，通过政策框架的调整，将外部成本和外部收益通过税收或其他政策手段将其内部化。为了保证消费者能够做出理性选择，这个模型突现了信息的重要作用，因此，根据此模型，应该促进环境信息的传播，形成产品的合理标志、标准化的环境性能标志，要求产品制造者提供产品的环境数据，规范广告中环境性能语言的使用。

2.2 相关理论

2.2.1 合理行为理论（TRA）

1980 年，阿杰恩（Ajzen）及费斯宾（Fishbein）首先提出了关于消费者态度和行为的合理行为理论（Theory of Reasoned Action，TRA），之后阿杰恩又提出修正后的计划性行为理论（Planned Behavior，TPB），形成了探索消费者行为和动机的理论基础。

合理行为理论认为，决定一个人行为的是行为动机，行为动机的预测依赖于人实施行为的主观规范和态度。其中，主观规范（Subjective Norm）是指人们对他所在乎的人会如何看待他的特定行为的信念，反映个人对于是否采取某项特定行为所感受的社会压力。如果一个人认识到实施一种行为的结果是积极的，他就会对实施这种行为持一种积极的态度；如果与他相关的其他人认为某种行为是积极的，那他也会希望达到对方所期望的行为标准。根据阿杰恩及费斯宾的研究，态度只是影响人行为动机的一个因素。显然，作为对理性选择理论批判的回应，合理行为理论对态度的前因进行了比较深刻和精确的分析。更重要的是，这个模型承认了社会对个人行为的影响。但是，合理行为理论没有囊括人类认知能力的有限性、习惯、情感和道德因素的影响。

2.2.2 规划行为理论（TPB）

继合理行为理论后，阿杰恩的规划行为理论（TPB）一直被作为可持续消费行为模型的核心。阿杰恩认为，行为的完成不只是决定于个人的欲望或意图等非动机因素，机会和资源（时间、经济状况、技能、他人的合作等）都在实际上控制着人的行为，规划行为理论假设个人采取一定行为最直接的影响因子就是行为动机（Behavioral Intention），而所有其他可能影响此行为的因素都是经由行为动机直接影响行为的表现。其中，行为动机就是个人想采取某一特定行为的行动倾向，因此行为动机是任何行为表现的必需过程，是行为显现前的决定。

规划行为理论认为个人的行为意图是由三个重要因素所共同决定的：

一是属于个人本身内在的因素，即对执行某项行为的行为态度。行为动机的第一个决定因素是行为态度。根据期望价值理论，态度是个人对特定对象所反映出来的、一种持续性的、喜欢或不喜欢的预设立场，也可说是个人采取某特定行为的正向或负向的评价。

二是属于个人外在的因素，即影响个人执行某项行为的主观规范，它源于个人在采取某一特定行为时所感受到的社会压力。主观规范是个人感觉重要的他人或团体认为他应该或不应该采取某一特定行为从而产生的压力。

三是时间与机会因素，即行动者所感知的对完成某项行为难易程度的知觉行为控制，即个人预期在采取某一特定的行为时，自己所感受到的、可以控制（或掌握）的程度。知觉行为控制是对可能促进或阻碍行为表现的因素的能力评估。

2.2.3 规范激活理论

沙龙·施瓦兹（Shalom Schwartz）于1977年提出了规范激活理论，认为对负面效果的感知（Awareness of Adverse Consequence）和自我归责（Ascription of Responsibility to Self）是促成可持续消费行为的条件。霍珀和尼尔森进一步诠释了施瓦兹的理论，认为利他行为的发生是始于社会规范（Social Norm），也即社会所期待的行为标准，一旦社会规范被个人接受之后，他会依社会规范而产生个人规范（Personal Norm），也即个人自我要求的行为标准。当持有该规范的个人意识到后果以及责任的归属时，就会对自己的行为产生促进作用。简言之，当人们相信他们的行动（包括袖手旁观）会带来严重的后果，而且他们必须对这些后果负责时，利他行为便会产生。

2.2.4　价值信念规范理论（VBN）

根据这些理论，Stern 等学者建立了针对亲环境行为（Pro-environmental Behavior）的价值—信念—规范（Value-Belief-Norm）理论。斯特恩被誉为在可持续消费行为研究领域最富有经验和研究成果的学者。该理论结合了心理学轴值理论、规范激活理论和新环境范式理论，通过价值观、信念、规范三个变量之间的作用来解释环境行为的形成。斯特恩认为以自我为中心的价值观会使人们基于个体自身的利益关注环境；拥有利他的价值观则会使人们基于人类整体利益角度关注和保护环境；拥有生态价值观（也称作生态中心的价值观）则会使人们关注整个自然环境的内在价值，强调人类是自然的有机组成部分。

2.3　相关模型

近期的研究回收行为的文献倾向于将分析消费者内在属性及外在属性结合在一起来考虑，其中的态度—行为—情境（Attitude-Behavior-Context）模型即将消费者的态度和消费行为的辅助机制有机结合在一起。该理论认为环境行为（B）是个人态度（A）和情境因素（C）相互作用的结果，当情境因素比较中立或者趋近于零的时候，环境行为和环境态度的关系最强，当情境因素极为有利或者不利的时候，可能会大大促进或者阻碍环境行为的发生。该理论意味着，如果情境因素不利于环境行为，要付出更加昂贵的代价、更多时间或者遇到更多困难的时候，环境行为对环境态度的依赖性就会变弱。

相关模型汇总见表 2-1。

表 2-1　相关模型汇总

模型	因素		
NOA	Needs：需求，即实现、维持或改善个人生活质量的目标	Opportunities：机会，即消费的外部便利条件	Abilities：能力，即个人采购所需产品的一系列内部能力

（续）

模型	因素		
AAA	Awareness：意识，即对于某个问题的规模、紧迫性和相关性的认识，以及对其复杂性和有限的人的能动性的认识	Agency：机构，即做有意义的事情的角色和技能，以及如何影响角色的变化	Association：社团，即与有相似理念的组织一起合作，实现变革
Triple I	Interest：兴趣，即各种包装问题、需求和驱动因素	Influence：影响，即各行为主体的角色、对他人的影响及其在价值链中的地位和相对重要性	Instrument：方法，即各行为体的运行机制
AFI	Attitude：态度，即利益相关者的正确态度	Facilitator：促进机制，即促进态度转变为行为/反应	Infrastructure：基础设施，即将使可持续的生活方式成为更容易的选择

基于这些理论，Gatersleben 和 Vlek 提出了行为转变的系统理论，即需求—机会—能力（Needs-Opportunities-Abilities）模型，用于描述和理解消费的动机和方式，从微观角度分析了日常家庭消费行为，从宏观角度分析了科技、经济、文化等社会因素。

根据需求—机会—能力模型，要想培育可持续消费行为，首先要转变由技术、经济、文化和制度构成的社会环境，因此应优先将可持续经济目标融入社会经济发展的宏观政策目标之中，只有这些内容的改变才能够同时影响消费者个体需求、机遇和能力三类要素。其次，消费者改变行为的机遇和能力决定了个人对行为的控制力。但这两个因素只有在非常有利的社会环境或氛围中才能起到明显的调控作用。最后，模型中的第三类要素是需求要素，需求要素是动机的重要前因。需求要素取决于两种因素。第一种因素相对稳定，包括消费者的年龄、性别、婚姻状况、受教育水平、住房规模、收入、财产情况等。政策设计者可以根据这些因素将消费者划分为不同的目标群体，根据不同群体的特征设计不同的诱导策略。第二种因素相对容易调控，包括心理、认知、情感等，可持续消费的微观政策可以针对这类要素来设计。

与静态模型相比较，这个系统动态模型突出了信息反馈的重要性。模型设计者强调应建立可持续消费政策评估体系，即需要将人们行为改变所产生的社会、经济、环境效益及时反馈给行为者，这样的过程会反过来影响行为人的对基本需求的认知，产生持续的动机面对新的行为，将对环境有益的行为持续下去。

此外，Ballard 提出的意识—机构—社团（Awareness-Agency-Association）模型强调，

促进低碳消费不仅需要鼓励消费者了解低碳消费对于气候变化的重要性，还应该在机构的帮助下消除阻碍消费者价值观转化为行动的因素。Akenji 和 Bengtsso 提出了兴趣—影响—方法（Interest-Influence-Instrument）模型，在商品包装的背景下，从宏观层面分析了影响可持续消费的因素。

可以看出，这些模型的中间因素作为促进因素，用于帮助缩小消费者态度意识和行为之间的差距，如需求—机会—能力模型中的机会因素、意识—机构—社团模型中的机构因素、兴趣—影响—方法模型中的影响因素。

2.4 态度—促进机制—基础设施模型

近期，Akenji 提出了促进可持续消费行为的消费者态度—促进机制—基础设施（Attitude-Facilitator-Infrastructure）模型，如图 2-1 所示。其中，促进机制（Facilitator）是整个系统促进可持续消费系统的关键，它可以恰当地反映消费者及其他利益相关者的态度（Attitude），并在恰当的基础设施（Infrastructure）的辅助下使整个系统正常运行。所谓的促进机制，是指由政府及商业决策者制定的、可以促进可持续性消费行为的相关法律政策及管理程序。这些机制可以促进一些值得鼓励的行为方式，也可以限制一些不值得鼓励的行为方式及其所造成的后果。该模型清晰地阐述了促进可持续性消费的关键因素及其相互联系，该模型的建立为低碳消费的研究提供了良好的理论框架。

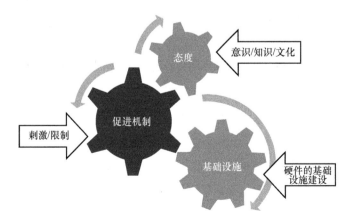

图 2-1 促进可持续性消费的关键因素

2.5 影响因素

本节以消费者为研究对象，从影响消费者可持续消费研究所涉及的内部因素、控制变量及调节变量/中介变量的角度，整理分析国际上可持续消费行为研究的进展。

2.5.1 内部因素

绿色意识是消费者可持续消费行为的重要组成部分。消费者了解环境问题，如消耗自然资源、全球变暖和污染，并在做出绿色产品购买决策时考虑这些问题。研究发现，行为意向在解释行为中起着最重要的作用。

研究对影响消费者绿色消费的内在因素进行了研究。阿杰恩（Ajzen）和 Albarracín 关注消费者的心理因素，如态度、信念、主观规范，阿杰恩（Ajzen）将其定义为行为对社会是否表现出感知压力。

在私人领域背景下，Gkargkavouzi 等探讨了环境行为的决定因素以及习惯和自我认同的其他变量。研究发现，意愿对于预测环境行为的影响最大，其次是习惯。主观规范是意向的主要伴随因子。结果意识对个人和主观规范、态度和感知行为控制有积极影响，它们反过来又对行为意愿有显著影响。自我认同在生态价值观与个人规范、态度、主观规范和感知行为控制之间起调节作用。

Rezvani 等人探讨了在购买电动汽车的背景下，由获得、规范和享乐组成的动机如何相互作用并影响消费者的环保行为，且都呈正相关。在对比了对可持续消费有较高及较低社会规范的消费者分组后，得出以下结论：对于那些对可持续消费有较高社会规范的消费者来说，享乐动机对行为意向的直接影响更大，而获得动机的直接影响则不显著。具体见图 2-2。

Wei 等人从互动性的角度研究表明，环境参与、信息效用、绿色广告怀疑和绿色信任是消费者对绿色产品态度的先行变量。其研究再次验证了消费者态度影响购买意向及行为。具体见图 2-3。

Maichum，K.等人基于计划行为理论，研究了泰国消费者购买绿色产品的意向。研究中增加了环境忧虑和环保知识两个变量，作为消费者购买意向的前提条件。

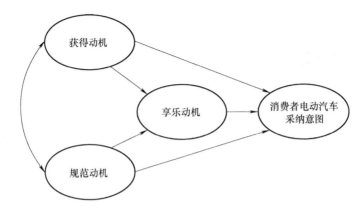

图 2-2　影响消费者的环保行为动机分析

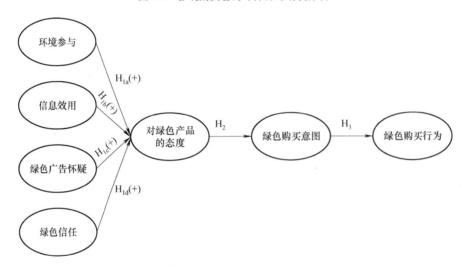

图 2-3　消费者绿色产品态度的先行变量分析

2.5.2　控制变量

研究中通常考虑的控制变量是社会经济特征，如婚姻状况、宗教信仰、就业、家务劳动、受教育程度、年龄和性别等。研究发现，受教育程度、年龄与亲环境行为呈正相关。多项研究表示，女性表现出比男性更多的环保行为。此外，其他研究集中在一些其他社会人口因素，如居住地和个人经济状况等。

2.5.3　调节变量

消费者很难改变不可持续的消费模式，因为消费模式的改变取决于个人的购买行为。

多项研究发现,消费模式基于多个外部因素调节而变化,通常包括社会规范、便利性、语音提示干预、市政回收计划、回收退款或回扣、持有期限、创新技术的出现等问题。在社会规范方面,描述性规范、动态描述性规范、命令性规范与促进绿色消费有很强的正相关关系。具体见图2-4。

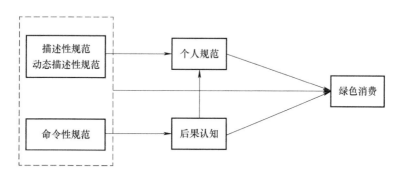

图2-4 多个外部因素调节作用下的消费模式分析

对购买"绿色"汽车的研究发现,物质主义、垂直个人主义、横向集体主义和垂直集体主义增强了地位动机对顾客购买行为的正向影响。对于再制造产品,与购买再制造汽车产品的消费者相比,购买再制造电气和电子产品的消费者的环境意识较差。研究表明,消费者的购买意愿受到态度和主观规范的积极和强烈的影响。此外,营销沟通战略也可以发挥关键作用。

Sharma,A 和 Foropon,C. 在规划行为理论(TPB)模型的基础上,保留了原始 TPB 的环境态度(ET)因素。用消费者认知效能(PCE)取代了认知行为控制(PBC)。实际购买模式研究发现,环境知识成为选择产品的主要因素,所以该研究还将环境知识(EK)作为行为意向的重要前提。为了探索购买意向和实际购买行为差异之间的各种因素,引入了环境关注水平和消费者认知效能两种因素,并将购买行为分成了无条件购买、有条件购买和意外购买等三种实际购买模式。研究发现,不同级别的环境关注(High/low Environmental Concern)是购买意向和购买模式之间的中介变量,并由产品属性(Product Risks & Product Benefit)调节。具体见图2-5。

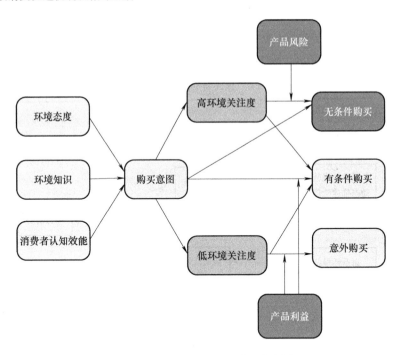

图 2-5 消费者购买意图影响因素分析

第 3 章

可持续消费现状

3.1 中国可持续消费的基本特征

3.1.1 中国消费者对可持续消费的认知情况

有研究表明,尽管理解可持续消费概念的消费者不足四成,但消费者的消费理念仍在不断提升,大多数消费者已经不仅仅将消费看成个人的私事,而是意识到个人的消费行为会对社会或环境产生巨大的影响。近九成的消费者认为自身的购买选择可以让环境更加美好,超过七成的消费者认同,自身的消费行为与企业责任有关,能促使企业在经营活动的过程中采取更加负责任的社会、环境行动,从而履行企业社会责任,也意识到消费者能够在促进企业更负责任的行为中发挥更大、更积极的作用。

3.1.2 中国消费者的消费行为情况

有研究表明,消费者在购买家电的过程中,选择购买节能电器的行为,已经成为家用电器消费的主流。水是生命之源,淡水资源又是有限的,淡水的稀缺性以及保护淡水资源的重要性不言而喻,这使人们保护和节约水资源的意识不断加强提升,从而使节水产品广受关注。目前多数消费者愿意购买节水产品,同时生活中主动节约用水。可见,保护和节约水资源的意识,已经深深影响了消费者的习惯,并且已经成为消费者的自觉行动。

另外,近八成的消费者具有购买新技术开发的新产品倾向。新能源产品作为一种解决全球能源问题的重要途径,不仅受到了人们的关注,更影响了人们的日常消费行为。

在食品购买方面,八成的消费者完全赞同或比较赞同购买具有绿色标志的食品。有绿色标志食品不仅受到消费者的信任和青睐,而且已经成为是否为无公害健康食品的重要体现。有机食品又称生态食品，是无污染的天然食品，属于可持续消费品。有调查显示，中国消费者倾向于购买有机食品，完全赞同人数超过三成，比较赞同人数超过五成。

在日用品方面，多数消费者乐于购买具有环境标志的日化产品。环境标志不仅表明一件产品的质量过关，更说明了该产品在生产流通、消费和处理的过程中符合环境保护的宗旨和要求。多数消费者会拒绝购买珍贵动物制作的衣物，主要原因是利用动物皮毛制作衣服，不仅有违文明社会的精神，而且可能造成珍贵动物的消失，导致生物品种的锐减。

认同购买个人护肤品之前，检查产品成分的消费者超过八成，其中完全赞同该行为的消费者超过三成，比较赞同该行为的消费者超过五成。表明，人们随着收入水平的提高，消费者在购买个人护肤品的过程中，越发重视护肤品可能对自己造成的影响，以及护肤品在生产过程中的社会、环境考量。

当消费行为发生时，超过八成的消费者经常购买简约环保包装的产品。产品包装本身是为了产品便于保存、运输等，但如今，产品包装不断异化，成为产品的一种营销手段，过度包装事件不断发生。有数据表明，多数消费者并不认同过度包装。超过半数的消费者比较赞同购买简约环保包装的产品，完全赞同的消费者占三成以上。六成的消费者购物时，会拒绝使用塑料袋，大多数消费者会尽量减少购买一次性消费品的数量。毋庸置疑，一次性消费品的大量使用会造成巨大的资源浪费，不利于可持续性发展。

在消费后续行为方面，九成的消费者对损坏的已购耐用品选择维修后继续使用处理。同时，七成的消费者选择垃圾分类、变废为宝，循环利用。2020年全国垃圾分类试点城市共46个。同时，节能出行方式不断受到消费者的青睐，当问及上班时是否会骑自行车或使用公共交通工具或步行而不是驾驶汽车时，四成的消费者比较赞同，三成的消费者完全赞同。

3.1.3 消费者选择购买绿色产品的主要障碍

有研究表明，消费者选择购买绿色产品的主要障碍中最突出的是价格。有数据显示，在阻碍消费者购买绿色产品的主要因素中，"与非绿色产品相比价格较高"是最主要的因素，"不信任所谓的绿色产品"因素也是消费者不选择购买绿色产品的重要考量因素。另外，还有部分消费者认为，"不清楚绿色产品和非绿色产品的差异"也是阻碍购买绿色产品的障碍之一。此外，诸如不存在差异、绿色产品少/找不到自己需要的、购买不方便以及售后或维修时有问题，也可能成为购买绿色产品的主要障碍。同时，有研究表明，消费者评价、评级、博客或者留言板成为消费者获得产品真实性评价的重要途径。另外，熟人介绍、产品体验及独立第三方认证也是近半数消费者的识别途径。

由此可见，消费者选择购买绿色产品时，信息的不对称已经成为阻碍消费做出购买决定的主要因素。而这背后，是绿色产品市场"柠檬效应"的存在——在市场中，卖方知道产品的真实质量，但买方不知道，买方为了降低买到价高质次产品的风险，只愿意根据产品的平均质量支付价格。这样一来，产品质量高于平均水平的卖方就会退出交易，只剩下产品质量低的卖方进入市场，形成次品市场，在极端的情况下甚至会导致整个市场的萎缩。由于各方面的原因，绿色产品市场在中国的发展仍步履维艰，其中一个重要原因便是"柠檬效应"。消费者不仅要考虑绿色产品的质量不确定因素，还要考虑绿色产品的绿色度不确定问题。绿色产品根据绿色度，可以分为深绿色产品、浅绿色产品和伪绿色产品，但市场不能反映产品的绿色度。因此，在极端的情况下，由于信息不对称产生的逆向选择效应会导致真正的绿色产品处于竞争的不利地位，甚至退出市场。

近九成的消费者认为，"产品的材料对人体无害"是自身在选择购买绿色产品中最看重的绿色产品特征，认为"产品的材料可再生、可回收"和"产品使用过程节能节水，无污染"为绿色产品主要特征的消费者均超过七成。另外，近七成的消费者认为"产品垃圾对环境污染小"为绿色产品主要特征。仅认为"产品生产过程中，企业节能节水，无污染"为绿色产品主要特征的消费者的比例未超过半数。

3.2　消费者行为与企业履责信息

有研究表明，生产商和服务商的社会形象已经成为消费者选择是否购买其产品的重要考量因素。企业形象与企业认同感也是生产商和服务商能够获得客户和获得成功的重要原因。目前，媒体报道是消费者了解企业形象最重要的渠道。有责任感的企业更容易获得消费者的认同，且消费者也会对其认同的企业采取积极行动，如优先选择其相关产品和服务，传播企业的正面信息，关注企业的相关信息及发展状况，愿意尝试新产品和新服务等。同时，消费者会改变对有负面信息的已认同企业的看法，比如，消费者感到受到欺骗时，他们会采取近期不购买或者以后都尽量不购买这些企业产品的策略。这也进一步说明了企业需要建立消费者认同的重要性。

3.2.1 消费者关注企业履责信息的特征

消费者关注企业履责信息的特征主要有：第一，消费者对企业研发实验过程中残害动物的行为广泛关注。第二，消费者极其关注企业是否发布虚假信息。企业发布虚假信息欺骗客户，直接关系到消费者的切身利益，因此超过九成的消费者非常关心或比较关心企业是否发布虚假信息。第三，近九成的消费者关注企业是否会泄露客户信息。客户信息事关消费者的隐私，企业未经客户同意擅自泄露客户信息，可能给相关客户带来困惑，而且也是一种违法行为。

超过九成的消费者关心产品的质量，产品质量直接关系到消费者购买的产品的使用价值。售后服务是消费者购买产品价值的重要组成部分，近六成的消费者非常关心企业是否有售后服务质量不尽如人意的现象。企业之间的不正当竞争不仅不利于企业之间的公平竞争，而且会给市场经济带来巨大的打击，因此也有七成以上的消费者关注企业不正当竞争。

企业压榨供应商属于企业运用垄断势力进行不正当竞争的行为，不利于市场竞争，也有违自由市场经济的机制。六成的消费者关注企业是不是有压榨供应商的行为。另外，七成的消费者关注企业是否有剽窃知识产权、窃取商业机密的行为。

在环境责任信息关注度方面，超八成的消费者关注企业生产过程中是否有高耗能、高消耗的问题。企业生产过程高耗能、高消耗，使生产本来可以利用较少能源和资源生产的产品，对能源和资源的消耗增加，不利于节能减排。中国的环境污染和生态破坏问题已经给人们的生活带来了明显的影响。数据显示，近五成的消费者非常关心企业生产过程中是否有污染环境和破坏生态平衡的问题，四成消费者比较关心，这说明近九成的消费者关注企业生产过程中是否有污染环境和破坏生态平衡的问题。另外，近九成的消费者关心企业产品是否环保、使用过程是否污染环境。

在社会责任信息关注度方面，七成的消费者关注企业是否有偷税漏税现象。企业偷税漏税不仅是一种违法行为，而且可导致国家财政收入的减少，不利于国家通过财政支出手段解决社会经济问题。近八成的消费者关注企业是否与员工签订合同，签订合同是维护员工权益的重要法律依据；三成的消费者非常关心企业是否与员工签订合同、是否为员工办理保险以及是否存在克扣工资现象。另外，近七成的消费者还关注企业是否有性别歧视现象。

大多数消费者关注企业安全生产问题,安全生产关系员工的工作安全和健康,企业若不注重安全生产,将使员工随时处于危险之中。

最后,企业是社会的企业,社会的可持续发展是企业可持续发展的必要条件,企业捐赠在减缓社会贫富差距扩大、促进可持续发展的同时,也有利于自身的可持续发展。对于企业是否有拒绝捐赠等不回报社会的行为,超四成的消费者比较关心,超过三成的消费者非常关心。

3.2.2 各类企业履责行为对消费者购买倾向影响的比较

(1)市场责任行为对购买倾向的影响。企业的不同市场责任信息对于消费者的购买倾向的影响不尽相同,其中,影响最大的是积极保护消费者权益,以及研发、创新方面表现卓越。企业的规模和利润、拒绝购买窃取知识产权企业的产品和服务、拒绝贿赂官员或商业伙伴对于消费者的购买倾向影响居中。企业是否亏损对消费者的购买倾向影响相对最不明显。之所以出现这种结果,可能与消费者更加关注自己的切身利益有关:消费者权益、产品的研发和创新是消费者利益的直接体现;企业的规模和利润、企业窃取知识产权与否、是否贿赂官员或商业伙伴则与消费者的切身利益没有直接关系,但会对消费者产生一定的影响;而企业经营状态对消费者的利益影响最弱,因此对于消费者的购买倾向影响也最不明显。

(2)环境责任行为对购买倾向的影响。企业环境责任信息对于消费者的购买倾向影响较大。企业投身环保事业与否,以及破坏环境与否极大地影响了消费者的购买倾向,赞同企业的环保行为会对自身的购买行为产生影响的消费者比例均超过 85%,不赞同的消费者不足 5%。

(3)社会责任行为对购买倾向的影响。在企业的社会责任行为方面,企业参与公益事业对消费者购买倾向的影响最大,企业对员工权益的保护与否对于消费者购买倾向的影响居中,企业是否偷税漏税对于消费者购买倾向的影响最小。企业的社会责任行为整体上对于消费者的直接影响较小,其包含的三方面所受到的公众关注度依次降低。

通过以上对于企业行为与消费者优先购买意愿的分析,可以看出,企业负责任的行为可以得到多数消费者的优先购买,企业不负责任的行为将遭到消费者的拒绝购买。对于企业积极保护消费者权益以及研发、创新方面表现卓越等关系消费者切身利益的企业行为,消费者给予的优先购买意愿较大;而对于涉及企业的规模和利润等股东方面的企业行动,消费者给予的优先购买意愿相对较小。

3.2.3　各类企业履责实践对溢价支付意愿影响的比较

（1）市场责任履责实践对溢价支付意愿的影响。对于企业市场责任方面的负责任行为，多数消费者愿意多支付。企业在研发方面处于行业领先地位，以及服务体系健全、服务质量良好等履责行为更能得到消费者更多的溢价支付。愿意为经过严格实验、检验的产品多支付 20%或 50%溢价的消费者最多。

（2）环境责任履责实践对溢价支付意愿的影响。将愿意为企业的环境负责任行为多支付 5%或 10%溢价的消费者放在一组，愿意支付 20%或 50%溢价的消费者放在另一组，不愿意多支付任何金额溢价的消费者放在第三组。研究表明，在五类企业对环境负责任的行为中，均有超过六成的消费者愿意为企业的这种行为多支付 5%或 10%溢价，超过 20%的消费者甚至愿意为企业在这五类方面的负责任行为多支付 20%或 50%溢价。数据显示，消费者注重企业对环境的负责任行为，企业对环境的负责能够获得消费者的认同以及溢价支付。在五类环境责任信息中，愿意为企业注重使用可再生能源、节约资源生产产品，能源消耗少以及对环境污染降至最低多支付的消费者最多，愿意为由可持续、可重复利用材料制造的产品多支付的消费者相对较少，愿意为未使用任何对人体有害物质生产的产品多支付的消费者最少。

（3）社会责任履责实践对溢价支付意愿的影响。愿意为将销售收入用于指定公益事业的企业多支付 5%或 10%溢价和多支付 20%或 50%溢价的消费者均最多，不愿意为切实保护员工合法权益多支付的消费者最多。调查数据显示，与企业切实保护内部员工合法权益相比，消费者更愿意为企业积极开展公益事业多支付；并且，企业开展将销售收入用于指定公益事业等制度化、规范化公益活动，较热心公益慈善等非制度化、非规范化的行为，更容易获得消费者的多支付。

通过以上对于企业负责任的行为与消费者支付意愿的分析可以看出，多数消费愿意为负责任的企业产品支付更多。其中愿意支付 5%溢价和愿意支付 10%溢价的消费者最多，愿意支付 20%溢价和愿意支付 50%溢价的消费者依次降低。企业履行了产品经过严格试验、检验，未使用任何对人体有害物质生产产品等客户责任，能够获得更多消费者的多支付；与此相对，切实保护员工合法权益等获得消费者的溢价支付意愿相对较低。

3.3 全球实践纵览

从全球来看,传统上消费者进行消费时更多关注的是商品价格及质量,较少关心商品在生产过程中的能源消耗及其对环境的影响。随着社会教育、环保政策及绿色消费概念的逐渐普及,消费者的购买行为已经从单纯满足基本的生存需求转型到通过购买行为体现个人风格和社会价值。消费者在购买商品时,开始关注商品在生产和供应链阶段的信息。更确切地说,消费者有意愿了解、也需要商品供应商提供商品在供应链和生产等环节的历史信息。基于这些信息,消费者更愿意选择低碳环保商品。最近的研究表明,消费者甚至已经做好了为低碳商品支付溢价的准备。近五成的中国消费者愿意付出不高于5%的溢价。

然而,由于缺乏简单易懂的商品可持续性信息的表征方式,商品生产商难以提供或者不完全清楚如何更加充分地提供商品的可持续性信息(即低碳商品在生产及供应链等阶段对社会及环境的影响信息);另外,消费者目前主要通过参考绿色消费群体或个人的经验来获取一些低碳商品的可持续性信息,极度缺乏了解商品可持续性信息的渠道。同时,绝大多数消费者也对低碳商品的多种广告和宣传存在疑虑,无法通过这些信息做出购买决策。

因此,尽管消费者愿意为低碳商品支付一定的溢价或者在一定程度上改变消费习惯,但是由于缺乏商品可持续性信息,消费者无法做出购买决策。《欧盟可持续发展目标报告》(*Sustainable Development Goals*)明确指出,需要建立系统的方法来促进从生产者到最终消费者之间的供应链各个方面的合作,通过相关标准和标签为消费者提供足够的商品可持续性信息。

未来中国经济的绿色发展将以企业绿色发展为依托,因此改变传统的企业增长模式、实现企业绿色增长将是中国未来经济发展的必然选择。对需要实现绿色发展的企业而言,它们也迫切需要通过关键技术方法来提供商品可持续性信息,通过制定商品可持续性表征指标,为低碳商品提供简单易懂的生态标签,建立与消费者的沟通渠道,形成低碳消费促进机制,为实现企业绿色增长模式转变提供可能。

不少学者从政策管理、产业生态学角度对中国的可持续消费行为进行了研究。徐国伟从政策管理角度提出应从三方面着手干预低碳消费行为改变与形成:提供低碳消费建议、开展能源消费审计等事前干预方法；对低碳消费行为进行激励、对消费结果给予反馈等事后干预方法；以及采取团体影响和设定个人低碳消费目标等社会影响技术。刘晶茹等人基于产业生态学视角，界定了可持续消费的定义及内涵，辨识了可持续消费研究的三个阶段，即关注消费者行为直接环境影响，关注产品和服务生命周期环境影响及关注消费者责任，并建议我国可持续消费研究应该以城市居民为重点，加强商品生命周期数据库建设。Ely 等人探讨了中国实现可持续生产和消费的两种可能途径——科技创新和管理实践改进，并以玉米生产作为案例进行研究，得到新型的消费者中介或引导政策能够更加有效地促进可持续消费的结论。Liu 等人用社会实践方法（Social Practices Approach）综合人文和社会结构因素来研究中国可持续消费的相关问题，发现中国促进可持续消费的政策往往集中在更先进的生产技术上，对消费者行为变化的关注很少，通常也只从消费者个人行为的角度进行研究，因此建议在可持续商品和多种可持续消费实践之间搭建桥梁，并重视对它的研究。

3.4 商品可持续性表征指标研究综述

为公众提供商品可持续性信息，可参考已有的环境影响指标及可持续性信息指标。依据其制定方式，这些指标大体可以分为两类。

第一类指标从可持续发展的三要素，即社会、环境、经济出发，提取可持续性信息。例如，世界经济论坛（World Economic Forum）颁布的环境表现指标（Environment Performance Index，EPI），用于衡量一系列公司或国家的环境影响。Atkisson 和 Hatcher 提出的可持续发展罗盘指标（Compass of Sustainability）中，除了传统的可持续性的三个方面外，还增加了人文类指标，形成了可持续发展罗盘的四个方面。Singh 提出的复合可持续性表现指标（Composite Sustainability Performance Index）又增加了科技和组织管理两类指标。即便如此，类似指标却很少衡量产品层面的可持续性表现，对消费者接收商品可持续性信息造成一定困难。

第二类指标按照商品生命周期的不同阶段提取可持续性信息。如 Jung 等人提出的 G 指标考虑了商品在生产阶段对环境及社会的影响。PRé Consult 咨询公司提出的生态指标99（Eco-Indicator 99）则包含了商品整个生命周期的环境影响因子。福特公司建立了汽车商品的可持续性指标 F-PSI，该指标涵盖了其对经济、环境及社会的影响。F-PSI 指标既遵循了可持续发展的三要素，也考虑到了商品生命周期的各阶段，然而该指标仅适用于汽车产品，对其他类型商品的可持续性信息表征的参考作用较为有限。同时，和其他很多指标类似，该指标在制定过程中，对社会公众的行为及利益相关者的需求考虑也较少。

为了促进低碳消费行为，有些商品已开始使用一些可持续性表征指标，如应用最为广泛的各类生态标签、能源之星标签等。这些标签在一定程度上为消费者购买时提供了商品可持续性信息，然而其信息涵盖仍不够全面，有的仅仅考虑了人们在商品使用中的能源消耗情况，忽略了该产品在制造过程及供应链环节对环境的影响，尤其是对社会造成的影响。而消费者对低碳商品的可持续性信息的需求显然不止于此，还需要了解其他信息，如是否使用童工、员工工作安全和健康情况、消费者满意度情况、企业对社区的影响及与社区的关系情况等。近期，美国斯坦福大学学者联合多名澳大利亚及英国学者在《科学》上发表文章，强调要关注公众的价值需求及幸福度衡量需要，急需加入社会元素制定指标，以实现可持续发展。

3.5 国内外研究现状小结

综上，低碳消费相关的研究已成为国际环境管理、产业生态学研究的综合性热点问题。但是，现有的研究大多基于生产商的角度，研究如何进一步实现可持续制造及企业应当担负的社会责任；或者从消费者个人的角度，从已有的生态标签入手，研究消费者对低碳商品的态度改变或影响。现有研究存在的问题有：

（1）对于消费者面对低碳商品的购买态度的研究，大多集中在理论模型探讨，实证研究主要集中在食品领域，鲜见从信息传递角度入手提供低碳消费促进机制的研究成果。需要新型的消费者中介或引导政策，如发布产品标签和独立的产品信息，使消费者信赖，利用这样可靠透明的产品信息系统促进低碳消费。

（2）消费者不仅需要低碳商品的环境影响信息，还需要其社会影响信息，然而已有的商品可持续性表征指标没有综合涵盖商品在制造过程及其供应链环节的能源、空气、水等资源的消耗和影响等情况，也很少涉及对社会造成的影响。

（3）在可持续性信息表征指标生成过程中，极少有消费者或其他利益相关者参与，没有切实考虑公众对商品可持续性信息的需求。

| 可持续消费促进机制及循环经济

因此，为了促进低碳消费，迫切需要建立系统的方法来促进从生产者到最终消费者之间的信息沟通，通过相关可持续性表征指标为消费者提供足够的商品可持续性信息。本课题的研究结果将为企业制定商品可持续性表征指标提供理论与方法支持，并对于加强低碳消费的引导、促进低碳零售业的发展有着重要的现实意义，将为企业绿色增长模式的选择提供理论指导。

第4章
可持续消费促进机制研究
——研究框架及方法

4.1 研究方案

商品的可持续性信息传递对促进消费者的低碳消费行为起到至关重要的推动作用，因此，本课题以促进低碳消费行为为目的，研究分析低碳商品在生产及供应链环节对社会及环境的影响，据此提取商品的可持续性信息因子，基于消费者等利益相关者的需求，获得消费者对可持续性信息因子的重要性评价；采用结构方程模型分析得到各因子的权重、因子间的关系及其复合结构，进而生成商品可持续性表征指标。在此基础上，运用层次分析法获得行业专家对可持续表征指标的权重数据并进行分析，对可持续表征指标因子权重进行修正。最后，以新能源汽车行业作为对象，对上述提出的指标生成方法进行验证，生成新能源汽车行业可持续性表征指标，并研究低碳消费促进机制的机理及促进方式。本课题以为消费者提供商品可持续性表征指标为核心，为企业制定商品可持续性表征指标提供了理论与方法支持，为生产和消费之间架构了沟通的桥梁，对促进低碳消费有重要的现实意义。

本课题以为消费者提供商品可持续性表征指标为核心，提取商品的可持续性信息因子，揭示可持续性信息因子的权重、关系及复合结构，建立低碳商品可持续性表征指标，阐明通过低碳商品可持续性表征指标促进低碳消费的关键通道、影响因素及其影响机理，并据此建立低碳消费的促进机制。

本课题围绕可持续性表征指标和低碳消费促进机制这一核心，采用调研和理论研究相结合的方法进行研究，拟采用的技术路线如图4-1所示。

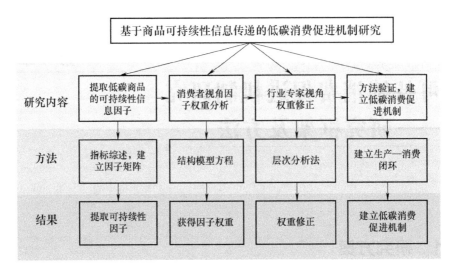

图 4-1 技术路线

1. 基于消费者视角的可持续性信息因子权重分析

在以往的研究中，指标因子权重一般采用均等权重方法得到，如 ESI 指标；或采用主要成分分析或因子分析方法用于生成内部市场指数、企业景气指标等。多准则分析（MCA）提供了一个系统的程序确定最佳方案、最佳子集或替代品排序。这些方法通常需要政策决定者直接给因子赋予权重，例如采用特征向量法、加权最小二乘法、熵值法和 LINMAP 技术等。然而，Zeleny 认为，在面对多个因子时，人类无法同时给出权重。此外，直接赋权方法不适合群体决策，因为它通常不可能使意见达成一致。

因此在本课题研究中，我们首先设计五分量表的调查问卷，在线收集消费者对每个因子的重要性评价。获得大量消费者对因子重要性评价的数据后，仅对其进行平均值分析是不够的。本课题采用结构方程模型（SEM）分析消费者对于指标中各个因子给予的权重，运用软件 SPSS 对调研数据进行探索性因子分析（EFA），其主要步骤包括：收集观测变量，构造相关矩阵并确定因子个数，提取因子进行因子旋转，解释因子结构，计算因子得分等。最后，采用 Cronbach's α 检查估计因子的可靠性。在此基础上，将应用 LISREL 软件进行验证性因素分析（CFA），主要包括收敛效度、区分效度、单向度的评价、判别效度等。通过以上分析，最终得到因子权重、因子的复合结构和因子关系，生成能够促进低碳消费行为的低碳商品可持续性表征指标及其结构。

2. 基于行业专家视角的权重修正

在上述研究的基础上，运用层次分析法（AHP），从行业专家视角得到各个指标因子的权重，对提出的指标因子进行权重修正。与其他生成复合指标的方法，如等同权重、因子分析、多准则分析（MCA）等相比，AHP方法克服了其他方法的缺点，使得直接给出因子权重成为可能。本研究将使用 Super Decisions 软件进行数据的分析和整合，步骤包括：①建立结构等级模型；②收集数据；③不一致性检查；④确定因子权重；⑤整合结果得到最终权重。

3. 基于可持续性表征指标的低碳消费促进机制研究

以新能源汽车行业作为对象，对上述提出的可持续性表征指标生成方法进行验证，生成新能源汽车行业可持续性表征指标。在此基础上，分析低碳消费促进机制的关键通道、主要元素、影响机理及促进方式；结合消费者心理学，信息传递渠道等多学科综合分析，多点出发，建立通过传递商品可持续性信息的低碳消费促进机制，形成企业生产→商品可持续性信息→低碳消费→企业绿色增长的闭环（如图4-2所示），使低碳消费成为企业实现绿色增长模式的有效推动力，并为企业产生经济效益。

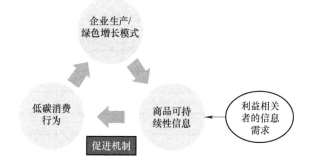

图 4-2　企业生产→商品可持续性信息→低碳消费→企业绿色增长的闭环

4.2　低碳商品可持续性表征信息的提取

应用全生命周期方法分析低碳商品在生产及供应链阶段等全生命周期中各个阶段对环境及社会的影响，参考已有的环境影响指标和商品生态标签等研究成果，提取商品的可持续性信息因子，生成可持续性信息因子矩阵。矩阵中的信息因子首先依照环境影响、社会影响分为两大类，不仅包括商品在制造过程及供应链环节的能源、空气、水等资源的消耗和影响情况，还包括其社会影响信息，如是否使用童工、员工工作安全和健康情况、消费者满意度情况、企业对社区的影响及与社区的关系情况等；其中每一类因子再按产品生命周期的不同阶段排列，如生产阶段、供应链阶段等。

本节旨在形成一套完整的产品级可持续性表征信息。由于信息因子矩阵由多个维度和因子组成，因此必须从许多相关指标中提取出满足消费者利益的充分有效的信息因子。所提出的因子集应该捕捉到消费者动机和行为成功转移的关键因素，并能够在 AFI 框架中扮演促进者的角色。以下将具体阐述相关商品可持续性表征信息因子的选择和优化过程。

4.2.1 相关指标的选择和比较

基于前面对于可为消费者提供商品有效可持续性信息指标的分析，本研究选择六个公开可用的指标作为提取信息因子的基础，包括 CS、CSPI、F-PSI、EPI、G-Score 和 E99。这些指标的评估维度见附录 4-1 和表 4-1 的简要总结。维度和属性的相关定义可查阅相关文献。

表 4-1　指标维度比较分析

维度	CS	CSPI	F-PSI	EPI	G-Score	E99
环境健康	√	√	√	√		
社会	√	√	√			
经济	√	√	√			
组织治理		√				
福利	√					
技术		√				
生产阶段			√		√	√
使用阶段			√			√
处置阶段			√			√

在选定的 6 个指标中，可以看出，有两种主要的指标生成方法。

第一类指标产生的结果符合可持续性的三大支柱，这三大支柱评估了社会、环境健康和经济的影响。一些指标增加了额外的维度，如"福利"（如 CS）"技术"和"组织治理"（如 CSPI），以提供评估措施的补充列表。

第二类指标通过跟踪产品的生命周期来评估产品的可持续性，包括 E99、F-PSI 和 G-Score。这些指标将产品的生产、使用和处置阶段视为三个维度。此外，E99 增加了两个运输阶段⊖。同时，G-Score 以产品生产阶段为重点评估环境影响，而 F-PSI 考虑了两种发电方式，并将可持续性维度与生命周期维度结合起来。

4.2.2 生命周期综合度量

基于对所选指标的比较，将 6 个指标的评估方面和属性映射为新的度量，如表 4-2 所示。它们包括社会影响和环境影响属性，以及产品的整个生命周期。应强调的是，运输阶段既存在于从制造到使用的过程中，也存在于生命周期的使用阶段和处置阶段。由于需要长期考虑，应在整个生命周期内评估与自然环境有关的属性，如表 4-2 最后一列所示。

表 4-2 生命周期综合度量

阶段	社会影响	环境影响	
生产	人员： 　员工培训； 　员工参与（人权）； 　是否雇用童工； 　工作安全 公司形象： 　诉讼案； 　本地社区	材料： 　资源的再使用/再循环（能源，材料，产品）； 　原材料获取； 　特定原材料 　消耗 能源消耗： 　能源效率； 　可再生能源； 　特定能源消耗	自然环境： 　生命周期空气质量； 　区域臭氧层； 　城市颗粒； 　生物多样性和栖息地； 　工厂的平均噪声水平
运输			
使用	客户健康和安全	燃料生产和消耗； 维护材料； 生产； 使用中的噪声	
运输			
处理		废物管理； 能源处理； 辅助材料； 残料价值； 粉碎； 拆解	

⊖ E99 的内容，没有显示在表 4-1 中。

商品的生命周期包含生产阶段、供应链阶段、使用阶段等，在每个阶段都会产生资源消耗，对环境产生影响，同时，还会带来一定的社会影响。因此，低碳商品的可持续性表征信息应综合考虑商品在其制造过程及供应链等各阶段的环境影响，同时关注其社会影响。本研究基于对低碳商品在生产及供应链环节中对社会及环境的影响的分析，提取商品的可持续性信息因子，其既包括在制造过程及供应链环节的能源、空气、水等资源的消耗及影响情况，又包括其社会影响，如是否雇用童工、员工工作安全和健康情况、消费者满意度情况、企业对社区的影响与社区的及关系情况等，为后续研究奠定基础。

应用全生命周期方法分析低碳商品在生产及供应链阶段等全生命周期的各个阶段对环境及社会的影响，参考已有的环境影响指标和商品生态标签等研究成果，及产品生命周期的不同阶段排列，如生产阶段、供应链阶段等，提取商品的可持续性信息因子，生成可持续性信息因子矩阵，如表 4-2 的灰色区域所示。

4.2.3 初步形成因子结构

上述度量中的社会和环境维度的信息属性是集成的，重点是产品的生产阶段。所提出的属性集应该只包含最有效的信息，并最终在源自可持续消费行为理论的 AFI 框架中扮演促进者的角色。

表 4-3 显示了提取的信息属性的详细列表。初步清单包括两个方面：环境影响和社会影响。能源使用、材料使用和自然环境方面都包含在环境影响的维度中。社会影响维度包括人和企业形象两个方面。

表 4-3 初步形成因子结构

维度	方面	子方面	属性	缩写
社会影响	人	员工	员工培训；	ET
			员工参与（人权）；	EP
			是否雇用童工；	CL
			工作场所安全	EW
		顾客	顾客满意度；	CS
			顾客健康和安全	CH
	企业形象		诉讼案；	LS
			本地社区	LC

（续）

维度	方面	子方面	属性	缩写
环境影响	材料使用		资源的再使用/再循环（能源，材料，产品）；	RU
			原材料获取；	RM
			特定原材料消耗	SR
	能源使用		能源效率；	EE
			可再生能源；	RE
			特定能源消耗	SE
	自然环境	空气	生命周期全球变暖；	LG
			温室气体排放；	GG
			室内空气污染；	IA
			区域臭氧层；	RO
			氮负荷；	NL
			生命周期空气质量	LQ
		减少水资源压力	水质/饮用水；	WQ
			水消耗	WC
		噪声水平	工厂的平均噪声水平	AN
		生物多样性	生态地区保护；	ER
			木材砍伐率；	TH
			农业补贴；	AS
			过度捕捞；	OF
			土地	LD

研究结果共提取了17项因子。其中11项环境影响因子，包括能源效率；水质/饮用水；温室气体排放；特定能源消耗；水消耗；室内空气污染；可再生能源；生命周期全球变暖；区域臭氧层；特定原材料消耗；工厂的平均噪声水平。6项社会影响因子包括：顾客健康和安全；工作场所安全；顾客满意度；是否雇佣童工；本地社区；员工参与（人权）。这17项因子初步组成了低碳商品可持续性表征信息因子矩阵。

附录 4-1 指标因子比较——生命周期角度

维度	方面	属性	F-PSI	G-Score	E99	Other
生产：原材料的生产，这些材料的加工和制造	产品中使用材料的输入/类型和权重	原材料；		√		
		能源消耗；		√		
		电力、天然气、石油				
	制造中的流程/操作/识别，以处理这些材料	产品设计改变；		√		
		流程改进；		√		
		包装/运输变更；		√		
		员工培训/参与；		√		
		资源（能源、材料、产品）的再利用/回收；		√		
		安装新设备/采用新技术；		√		
		绿色供应管理；		√		
		原材料获取；	√			
		材料生产；	√			
		材料加工；	√			
		涂装和装配；				√
		能源处理；	√			
		废物管理	√			
	涉及处理生产材料的运输				√	
	生产的结果	避免污染预防措施的成本/收益；		√		
		有关环境责任的信息；		√		
		罚款和处罚；		√		
		环境资本/运营支出；		√		
		对当地社区的贡献：教育计划、造林；		√		
		投诉、诉讼；		√		
		媒体，环境相关报道		√		

第4章 可持续消费促进机制研究——研究框架及方法

（续）

维度	方面	属性	F-PSI	G-Score	E99	Other
使用：产品使用寿命内的运输，能源和消耗品		运送产品时涉及的运输			√	
	整个产品生命周期中的能耗	燃料生产与消费；	√			
		维护材料生产；	√			
		其他维护流程；	√			
		车辆税和保险；	√			
		能源处理；	√			
		废物管理	√			
报废：处置和回收	产品的处置过程	回收/再循环过程；	√			
		处置过程；	√			
		能源处理；	√			
		辅助材料；	√			
		残料价值；	√			
		粉碎；	√			
		拆解	√			
	处置物料中涉及的运输				√	

附录 4-2　指标因子比较——可持续发展角度

维度	方面	属性	F-PSI	G-Score	EPI	Other
社会影响	私营部门的响应能力	供应商和承包商实践；				√
		是否雇用童工和人权问题；			√	
		顾客健康和安全				√
	环境健康	减少与环境有关的自然灾害弱点		√	√	
	科学和技术					√
	参与国际合作					√
	机动能力		√			
	充足的卫生设施				√	
	工作场所安全		√	√		
	当地社区			√		
	诉讼案			√		
环境影响	可持续能源	能源效率；			√	
		可再生能源；			√	
		单位 GDP 的 CO_2 排放			√	
	生态效率；减少空气污染	生命周期全球变暖；	√		√	
		温室气体排放				√
	空气质量	室内空气污染；		√	√	
		区域臭氧层；				
		氮负荷；			√	
		生命周期空气质量		√		
	水资源	水质/饮用水；		√	√	
		水消耗；		√	√	
		缓解水资源压力			√	
	生物多样性与生境/自然资源管理	荒野保护；			√	
		生态地区保护；			√	
		木材砍伐率；			√	
		农业补贴；			√	
		过度捕捞；			√	
		城市颗粒			√	

第4章 可持续消费促进机制研究——研究框架及方法

（续）

维度	方面	属性	F-PSI	G-Score	EPI	Other
环境影响	土地			√		
	减少生态系统压力	降低环境压力				√
	减少浪费和消耗压力	总固体废物利用率；		√		
		特定能源消耗；				√
		特定原材料消耗；				√
		占植物总面积的绿色覆盖率				√
	可持续材料					√
	噪声	工厂的平均噪声水平；		√		
		使用中噪声	√	√		

第 5 章
商品可持续性表征指标及其结构研究

为了建立商品可持续性信息表征指标,需要以消费者的信息需求和对各信息因子重要性评价作为基础,确定因子权重。因此,本课题以问卷调查形式,获得消费者对于各可持续性信息因子的重要性评价,并运用结构方程模型(SEM)分析所得数据,得到可持续性信息因子的权重、因子关系和复合结构,生成能够促进低碳消费行为的低碳商品可持续性表征指标及其结构。

消费者已经被公认为可持续发展的关键推动者,因为消费行为可以塑造企业的经营方式。因此许多产品出现了可持续发展能力的指标,但是,消费者在绿色采购中更重视哪些属性仍然是未知的。本研究系统构建了商品环境影响及社会影响的因子,并基于消费者偏好确定因子权重,以及这些商品属性如何推动消费者愿意支付溢价。

在以往的研究中,指标因子权重一般采用均等权重方法得到,如 ESI 指标;或采用主要成分分析或因子分析方法用于生成内部市场指数、企业景气指标等。多准则分析(MCA)提供了一个系统的程序确定最佳方案、最佳子集或替代品排序。这些方法通常需要政策决定者直接给因子赋予权重,如特征向量法、加权最小二乘法、熵值法和 LINMAP 技术等。然而,Zeleny 认为在面对多个因子时,人类无法同时给出权重。此外,直接赋权方法不适合群体决策,因为它通常不可能使意见分歧达成一致。

5.1 问卷设计

因此在本研究中,首先在线收集消费者对每个因子的重要性评价。获得大量消费者对因子重要性评价的数据后,仅对其进行平均值分析是不够的。本研究采用结构方程模型(SEM)分析消费者对于指标中各个因子的权重。运用软件 SPSS,对调研数据进行探索性因子分析(EFA),其主要步骤包括:收集观测变量,构造相关矩阵并确定因子个数,提取因子进行因子旋转，解释因子结构，计算因子得分等。最后采用 Cronbach's α 检查估计因子的可靠性。在此基础上，将应用 LISREL 软件进行验证性因素分析（CFA），主要包括收敛效度、区分效度、单向度的评价、判别效度等。通过以上分析，最终得到因子权重、因子的复合结构和因子关系，生成能够促进低碳消费行为的低碳商品可持续性表征指标及其结构。

本研究采用了结构方程建模的方法，该方法用一系列结构方程建模表示因果过程，具有较好的适用性。这些结构关系可以用图形化的模型来表示，从而使正在研究的理论能够概念更清晰。此外，SEM 关注的是在多大程度上是由潜在的结构产生的可观察到的变量，因此，由因子到所观察到的变量（因子载荷）的回归路径的强度是最重要的。

本阶段研究基于对 582 名消费者的在线调查，分析了消费者优先考虑哪些产品的可持续性信息属性（在购买电动汽车的情况下），以及它们如何驱动消费者支付溢价。首先，因子分析结果显示了个属性的均值和标准差。其次，通过探索性因子分析，应用 SPSS 软件提取三个因子：能源和材料使用、环境影响和社会影响。最后，使用验证性因素分析对这三个因素进行检验。

研究人员进行了相关性分析和 EFA，以确定相关的潜在概念之间的关系程度。

5.2 在线调查及样本特征

本研究基于线上调研，下文提供了调研的详细信息、受访者的个人资料和初步数据分析结果。

5.2.1 调研数据收集

此次调研共收集 686 份问卷，其中有效问卷为 582 份，有效回收率为 84.8%。将 582 个受访者根据他们的回复时间分为两组，对两组数据进行比较，用于检验非反应偏差。根据对两个组在 5%显著性水平下进行的检验，两组的看法没有显著差异。

5.2.2 数据的基本特征

来自四个地区（北，南，西，东）的数据样本回答没有显著差异，所以我们将其作为一个整体。受访者的详细信息如表 5-1 所示。调查表明，调查对象中女性占 49.48%，男性占 50.52%。42.44%的受访者年龄在 18~29 岁之间，其他 30~39 岁、40~49 岁、50~59 岁、60~69 岁、70 岁及以上年龄组的比例分别为 30.58%、14.60%、7.22%、4.64%、0.52%。

表 5-1 受访者信息汇总

选项	人数	占比
性别		
女性	288	49.48%
男性	294	50.52%
合计	582	100%
年龄		
18~29 岁	247	42.44%
30~39 岁	178	30.58%
40~49 岁	85	14.60%
50~59 岁	42	7.22%
60~69 岁	27	4.64%
>70 岁	3	0.52%
合计	582	100%
支付溢价意愿		
0	41	7.04%
10%	116	19.93%
20%	120	20.62%
30%	73	12.54%
40%	45	7.73%
50%	52	8.93%
60%	41	7.04%
70%	39	6.70%
80%	26	4.47%
90%	12	2.06%
100%	17	2.92%
合计	582	100%

受访者被要求回答他们愿意为更环保的产品支付的溢价比例。在这些受访者中，

20.62%（120 人）愿意多支付 20%，19.93%（116 人）愿意多支付 10%，12.54%（73 人）愿意多支付 30%，7.73%（45 人）愿意多支付 40%，且 8.93%、7.04%、6.70%（52 人、41 人和 39 人）愿意多支付 50%、60% 和 70%，4.47%、2.06%（26 人，12 人）愿意多支付 80%、90%。这些数据将在下一节用于进一步分析。

5.2.3 因子均值和标准差

表 5-2 体现了受访者对属性重要性的总体认知。结果表明，均值大于 4.00 的 6 个属性中有 4 个属于社会影响因素，6 个社会影响因素均排在前十位。结果还表明，消费者对社会可持续性领域的认知程度要高于其他领域。此外，平均而言，消费者愿意为更环保的产品支付 34.7% 的额外费用。

表 5-2 因子均值及标准方差

排序	因子	均值	标准方差	是否社会影响因素
1	顾客健康和安全	4.25	0.95	社会
2	能源效率	4.24	0.87	
3	工作场所安全	4.24	0.93	社会
4	顾客满意度	4.15	0.90	社会
5	水质/饮用水	4.11	1.02	
6	是否雇用童工	4.02	1.24	社会
7	可再生能源	4.00	0.97	
8	本地社区	3.95	0.95	社会
9	员工参与（人权）	3.91	1.02	社会
10	温室气体排放	3.90	1.06	
11	特定能源消耗	3.87	0.97	
12	水消耗	3.85	1.05	
13	室内空气污染	3.80	1.07	
14	资源的再利用/再循环（能源，材料，产品）	3.77	1.10	
15	生命周期全球变暖	3.75	1.11	
16	区域臭氧层	3.73	1.07	
17	特定原材料消耗	3.54	1.04	
18	工厂的平均噪声水平	3.23	1.27	

5.3 模型构建

一般来说，SEM分析包括模型界定、数据收集、模型估计、模型评价及模型修正几个步骤。582份调研问卷数据被分为两组，分别用探索性因素分析（EFA）和验证性因素分析（CFA）对两组数据进行分析。具体见图5-1。

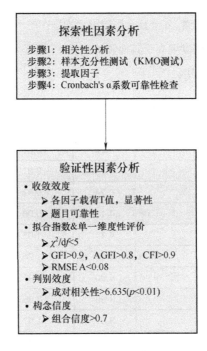

图5-1 结构方程模型分析步骤

5.3.1 探索性因素分析

1. 相关性分析

本研究利用相关矩阵对18个因子之间的相关强度进行了检验。我们用Pearson相关系数表示各维度间的二元关系，结果表明x和y在0.01水平上具有较高的相关值。将分离维度间的二元关系表示为Pearson相关系数，结果表明，x和y在0.01水平上具有较高的相关值，具有统计显著性意义。相关效率系数大于0.3时，表示相关效率满足条件。

2. 样本充分性测试

SEM 是一种大型的采样技术，通常适用于样本数量 $N>200$ 的研究。本研究中，KMO 和 Bartlett 的测试值为 0.897，这比良好因素分析（Good Factor Analysis）建议的最小值 0.6 要高。

3. 提取因子

在这项研究中，先提取了三个因子，其特征值为 7.64、1.75 和 1.06（转置后，负荷的平方和是 4.003、3.256 和 3.185），均大于 1.00。结果表明，这三个因子占了总方差的 58.02%，可以被视为代表所有的标准。第一个因子（能量）的范围为 0.564~0.732，第二因子（对环境的影响）的范围为 0.326~0.744，第三因子（社会影响）的范围为 0.307~0.792。交叉负载是否高到足以引起警报是至关重要的。旋转因子矩阵见表 5-3。

表 5-3 旋转因子矩阵

编号	因子	构件		
		1	2	3
X1	资源的再利用/再循环（能源，材料，产品）	0.688		0.322
X2	特定原材料消耗	0.732		
X3	能源效率			0.661
X4	可再生能源	0.564		0.366
X5	特定能源消耗	0.632		
X6	生命周期全球变暖	0.718		
X7	温室气体排放	0.678		
X8	室内空气污染	0.438	0.622	
X9	区域臭氧层	0.555	0.591	
X10	水质/饮用水		0.744	0.307
X11	水消耗	0.382	0.698	
X12	工厂的平均噪声水平	0.574	0.326	
X13	员工参与（人权）	0.301	0.471	0.392
X14	工作场所安全		0.338	0.742
X15	是否雇用童工			0.611
X16	顾客健康与安全		0.393	0.792
X17	顾客满意度		0.466	0.558
X18	本地社区		0.574	0.435

注：特征值：百分比方差；

提取方法：主成分分析；

旋转方法：使用 Kaiser 规范化的最大方差正交旋转法。

最终，通过 EFA 分析，共提取三个因素：

1）因素 1 包括七个驱动因素：资源的再利用/再循环（能源，材料，产品）、特定原材料消耗、能源效率、可再生能源、特定能源消耗、生命周期全球变暖和温室气体排放。这些因素与材料和能量的使用有关。因此，这个因素被识别为能量因素。特定原材料消耗对该因子具有最高的因子负荷。因子 1 占总方差的 22.24%。

2）因素 2 包括六个驱动因素：室内空气污染、区域臭氧层、水质/饮用水、水消耗、工厂的平均噪声水平、本地社区。这些属性与产品的环境影响相关。因此，因素 2 被识别为环境影响因素。水质/饮用水因子负荷最高，其次是水消耗和室内空气污染。因子 2 占总方差的 18.09%。

3）因素 3 包括五个驱动因素：员工参与（人权）、工作场所安全、是否雇用童工、顾客健康与安全及客户满意度。这些属性与产品的社会影响有关。因此，因素 3 被确定为社会影响因素。在这五个属性中，顾客健康与安全排名最高，其次是工作场所安全。因子 3 占总方差的 17.69%。

4. 可靠性检查

构造的复合可靠性量度可以应用 Lisrel 软件进行估计。内部一致性是衡量某一测量指标与测量同一变量的其他测量指标的相关程度的一种重要指标，关注的是不同测试项目所带来的测试结果的差异。Cronbach's α 系数是目前应用最广的评价变量信度的指标。当 Cronbach's α 的值为 0.7 或更高时，表示良好的可靠性。如表 5-4 所示，本研究中的所有变量的 Cronbach's α 系数值都均大于 0.780，表明本书所涉及的所有构建都具有很高的信度。

表 5-4 各因素 Cronbach's α 系数

构件	因子	Cronbach's α
$\xi 1$	资源的再利用/再循环（能源，材料，产品） 特定原材料消耗 能源效率 可再生能源 特定能源消耗 生命周期全球变暖 温室气体排放	0.843

(续)

构件	因子	Cronbach's α
ξ2	室内空气污染 区域臭氧层 水质/饮用水 水消耗 工厂的平均噪声水平 本地社区	0.849
ξ3	员工参与（人权） 工作场所安全 是否雇用童工 顾客健康与安全 顾客满意度	0.781

5.3.2 验证性因素分析

1. 验证性因素分析的操作步骤

验证性因素分析的执行可以分成几个步骤。

步骤一是发展假设模型（Hypothetic Model），也就是针对测量的题目的潜在结构关系，基于特定的理论基础或是先期的假设，提出一个有待检验的因素结构模型。从结构方程模型的术语来说，就是要建立一套假设的测量模型。

步骤二是进行模型的识别，也就是将研究者欲检验的测量模型转换成符合SEM分析的模型，以便利用统计软件进行分析。此步骤的完成必须非常谨慎地计算模型的识别性，以避免SEM执行失败。除此之外，研究者必须熟悉SEM分析软件的程序语言或操作方式，将欲检验的模型写入SEM分析软件的指令系统中。

步骤三是执行SEM分析，进行参数估计与模型检验。其中最重要的一个工作是将研究数据整理出适合SEM分析的数据库类型。一般而言，使用原始数据虽然较为方便，但是由于原始数据库中往往包含有许多与因素分析无关的变量，以及有许多遗漏值存在，因此，如果要使用原始数据库，应先清理数据库。比较简单的方法是直接取用测量变量的相关或共变量矩阵。

步骤四是进行结果分析，也就是分析SEM分析的报表结果，检验各项数据的正确性。

步骤五是模型的修正，以获得较佳的数据与结果。在验证性因素分析当中，模型修正多从三个方向进行。第一个方向是各题目与潜在变量（因素）之间的关系的确认，检测个别的题目是否如同假设的那样受到特定因素的影响，或者受到其他因素的影响，甚至于是否受到多个因素共同的影响。第二个方向是从测量残差的修正着手进行模型修正，也就是利用测量误差间相关性检查测量模型的拟合度。第三个方向是从因素间的相关情形入手检验并整理测量模型的拟合度。

最后一个步骤是完成 SEM 分析，并做出报告。此时， SEM 模型的分析已经完成，研究者必须从繁杂的统计报表中找出重要的参数数据，加以整理并得到最后的分析结论。

2. 研究假设

本研究在文献的基础上，考察了影响消费者愿意为绿色环保产品支付溢价的三类因素。在上文中，我们初步提取了三个因子，分析表明，能源和材料的使用、环境影响和社会影响是影响消费者愿意支付溢价三个先行因素。

根据 2007 年麦肯锡的调查，87%的消费者都在关心他们已购买产品的社会影响和环境影响。消费者需要更多关于产品供应链和生产过程的材料使用以及能源消耗信息。利用这些信息，在选择绿色产品时，他们往往将自己的绿色知识和态度与绿色品牌意识相结合。例如，最近的一项研究表明，产品的节能、节材、减排信息积极影响着消费者对汽车产品的感知价值和信任。因此，我们假设如下（概念模型见图 5-2）：

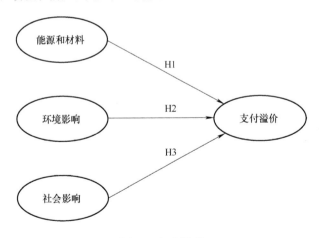

图 5-2 概念模型

H1：电动汽车在生产阶段的能源和材料的使用信息驱动消费者支付溢价的意愿。

《绿色消费指南》第 3 版表明消费者非常关注环境，他们对环境的关心对他们的日常消费偏好有影响。有研究表明，向消费者提供环境信息会影响他们购买传统产品的意愿。

例如，埃及消费者愿意为有碳标记产品支付大约 75 埃及镑的溢价。同样的，马来西亚的研究表明，环保态度、生态标签、文化价值显著地影响绿色购买意愿。从工具、环境和象征属性对买车的消费者的影响力分析发现，强调可持续创新对环境的好处可以提高电动汽车的销售量。换句话说，可以预测，产品强调更多的环境可持续发展信息将导致消费者愿意支付更高的价格。因此，我们假设如下：

H2：电动汽车在生产阶段的环境影响信息驱动消费者支付溢价的意愿。

研究表明，消费者愿意购买某些具有社会意识属性的产品，如非动物实验或无童工，并多支付 10% 左右的所谓"道德溢价"。Freestone 和 McGoldrick 强调消费者愿意支付溢价有"道德的临界点"，超过这个临界点，他们的牺牲与收获将不成比例。最近的另一项研究表明，消费者感知效率（PCE）、职业、收入水平对绿色产品的购买愿意有显著影响。PCE 表示一个人相信他或她的努力对环境影响减轻的程度。Webb 等人发现，PCE 与消费者的社会责任密切相关。由于强有力的社会规范鼓励采取有利于环境的创新，人们往往采取更多对环境友好的行动。换句话说，可以预测，产品强调更多的社会可持续性信息会导致消费者支付溢价的意愿增加。因此，我们假设如下：

H3：电动汽车在生产阶段的社会影响信息驱动消费者支付溢价的意愿。

3. 效度分析

效度即有效性，是指测量工具或手段能够准确测出所需测量的事物的程度。"效度判断的是度量结果是否真正是研究人员所预期的结果，是指数据与理想值的差异程度。测量结果与要考察的内容越吻合，效度越高；反之，则效度越低"。

效度分析中常用到的指标包括内容效度、收敛效度和判别效度。

（1）内容效度。

内容效度也称逻辑效度，是指研究对需调查的内容或行为范围取样的适当程度。

（2）收敛效度。

收敛效度检验的是所用到的测量指标是否集中反映了所要测量的构件或因子，以及是否存在交叉载荷的问题。本书采用了三种方法来检验测量指标的收敛效度。

1）在测量指标净化的单一维度性检验过程中，已经进行了针对所有构件的探索性因子分析，确保了所用到的测量指标不存在交叉载荷。

2）分别从双边和总体上计算了所有测量指标的因子载荷，结果均在 0.7 以上，说明因子具有良好的收敛效度。

3）平均变异萃取量 AVE（Average Variance Extracted），测量项的因素载荷越高，表示测量项能够反映潜在变量的能力越高，因素能够解释各客观变量的变异的程度越大。因而可以计算出一个平均变异萃取量（AVE），来反映一个潜在变量能被一组观察变量有效估计的聚敛程度指标，其值越大表明耦合性越强。通常来讲，AVE 值在 0.5 以上，就表明构件具有很好的收敛效度。

（3）判别效度。

判别效度是指不同构件间可以有效区分。判别效度可以有三种不同的检验方法。

1）将所有构件两两任意组合，在每一组中，记录两个构件的测量指标分别隶属于相应构件时的卡方值与自由度值，以及将两个构件的所有测量指标隶属于一个构件时的卡方值与自由度值，若卡方值在该自由度值变化的程度上出现了显著性的变化，则构件间具有显著性的差异，可以有效区分。

2）比较构件 AVE 的平方根和该构件与其他构件的相关系数，如果 AVE 的平方根大于其与其他构件的相关系数，则表明该构件具有良好的判别效度。

3）任意挑选两个构件，计算它们的相关系数的 95% 的置信区间，若区间不包含 1，则表明构件间可以有效区分，判别效度高。

4. 模型界定

为了评估收敛有效性，我们使用 LISREL 构建了一个 CFA 模型，如图 5-3 所示。每个项目都与相应的构造相连，并估计协方差。图 5-3 中给出的路径图表示具有三个潜在变量（构造）和相应的多个指标（度量或项）的度量模型。遵循传统 LISREL 分析，观察到的指标（X_S）用方形表示。潜在变量（ξ）用大椭圆表示，测量残差（δ）用小椭圆形表示。Φ_{ij} 表示潜在变量之间的相关性，λ 系数表示观察到的指标在潜在变量上的因子载荷。两个潜在变量之间的弯曲箭头表示这些变量是相关的。每个构造中的一个加载项可以设置为 1.0 的固定值，使构造具有可比性。

关于模型拟合指数，使用 291 个样本作为输入（占总样本的一半），LISREL 显示出一个包含 16 个因子的模型。X^2 估计不显著（χ^2=408.36（p>0.05）；df=114；χ^2/df=3.3），这表明良好的拟合。验证拟合指数（CFI）和非标准拟合指数均为 0.96，而 X^2 的自由度为 3.1。所有的拟合指数都在可接受的范围内。

由于变量 X9（区域臭氧层）及 X13（员工参与（人权））在两组因素中具有非常相似的值，故被排除，最终模型由 16 个因子组成，如表 5-5 所示。分析表明模型拟合良好（χ^2（114）=354，p >0.05），说明假设模型是可接受的。

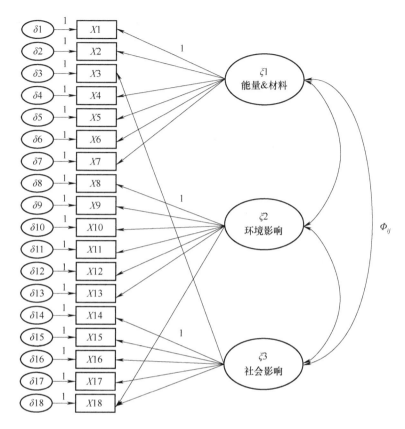

图 5-3 模型参数路径图

表 5-5 参数估计值汇总

潜在变量	因子	非标准化因子载荷	标准化因子载荷	标准误差	T 值	R^2
	资源的再利用/再循环（能源，材料，产品）	1.00	0.77	—	—	0.60
	特定原材料消耗	0.88	0.71	0.071	12.35	0.50
	能源效率	0.62	0.62	0.059	10.59	0.38
$\xi 1$	可再生能源	0.85	0.75	0.064	13.33	0.57
	特定能源消耗	0.74	0.65	0.065	11.25	0.42
	生命周期全球变暖	0.88	0.69	0.073	12.12	0.48
	温室气体排放	0.98	0.77	0.072	13.65	0.59
	室内空气污染	0.79	0.63	0.073	10.79	0.39

（续）

潜在变量	因子	非标准化因子载荷	标准化因子载荷	标准误差	T 值	R^2
ξ2	水质/饮用水	1.00	0.73	—	—	0.54
	水消耗	1.16	0.80	0.089	12.94	0.64
	工厂的平均噪声水平	0.94	0.55	0.11	8.85	0.30
	本地社区	0.88	0.69	0.078	11.22	0.48
ξ3	工作场所安全	1.00	0.81	—	—	0.66
	是否雇用童工	0.90	0.55	0.097	9.26	0.30
	顾客健康和安全	1.08	0.86	0.072	14.94	0.73
	顾客满意度	0.75	0.62	0.070	10.67	0.39

5. 参数估计结果

（1）收敛效度检验和因子收敛效度。

收敛效度检验的是所用到的测量指标是否集中反映了所要测量的构件或因子，以及是否存在交叉载荷的问题。如表 5-5 所示，本模型中所有因子的 T 值大于 8.80，说明因子具有良好的收敛效度。

（2）评估模型的适合性和单次性。

R^2：0.3 以上的 R^2 值提供了可接受的可靠性证据。如表 5-5 所示，所有 R^2 值都大于 0.3，T 值大于 8.85，从而证明了良好的收敛效度。

χ^2：结果证明预测矩阵和实际矩阵中的差异并不显著，并表明了可接受的拟合。

其他指数：适宜性指数（GFI）为 0.86，调整后的 GFI 指数（AGFI）为 0.81，均接近 0.90 的建议值。这一结果说明，在数据中观察到的方差和协方差的 81.0% 是由估计模型预测的。CFI 值为 0.95，超过了建议值 0.90。

统计拟合优度：$\chi^2=354(p>0.05)$；d$f=114$；$\chi^2/df=3.1$；GFI=0.86；AGFI=0.81；CFI=0.95；RMSEA=0.086；RMR=0.064；PGFI=0.64；NFI=0.93。

表 5-5 列出了接受该模型的其他支持证据。总之，各种度量为说明模型拟合较好提供了足够的支持。

（3）判别效度。

判别效度是指不同构件间可以有效区分，是重要的分析之一。本书中涉及的三个构件两两任意组合，在每一组中，记录两个构件的测量指标分别隶属于相应构件时的卡方

值 χ^2 与自由度值,以及将两个构件的所有测量指标隶属于一个构件时的卡方值 χ^2 与自由度值,若卡方值 χ^2 在该自由度值变化的程度上出现了显著性的变化,则构件间具有显著性的差异,可以有效区分。表 5-6 显示了三个潜在变量之间的六组判别效度测试的结果。其中配对相关系数大于 6.635,表示满足效度要求。另外如表 5-5 所示,所有测试的 $\Delta\chi^2$ 值证实了判别有效性。

表 5-6 结果汇总

构件间关系及平均变异萃取量(AVE)				
构件	AVE[①]	$\xi1$	$\xi2$	$\xi3$
$\xi1$	0.562	1.00		
$\xi2$	0.488	0.85(0.03)[②]	1.00	
$\xi3$	0.521	0.6(0.05)	0.75(0.04)	1.00
构件的统计性描述及构造可靠性				
构件	均值	标准方差	构造可靠性	
$\xi1$	3.857	1.032	0.885	
$\xi2$	3.806	1.105	0.789	
$\xi3$	4.139	1.015	0.808	

① 提取的平均方差(AVE)。
② 平方相关。

(4)构造可靠性和平均变异萃取量(AVE)。

构造可靠性值的范围在 0~1 之间,如表 5-6 所示,本研究中各构件可靠性值分别为 0.885、0.789 和 0.808,均超过建议值 0.70。通常情况下,平均变异萃取量(AVE)应超过 0.50,如表 5-6 所示,本研究中所有的构造的平均变异萃取量(AVE)高于 0.488。总之,该模型拟合的总体结果和对模型的评价为验证所提出的模型提供了有力的支持。

5.4 研究结果及结论

5.4.1 研究结果

通过 CFA 分析,得到了各因子权重、因子的复合结构和因子关系,生成能够促进低碳消费行为的低碳商品可持续性表征指标及其结构。本阶段研究的结果表明,环境影响信息是目前电动汽车消费者最重要的购买决定因素,社会影响排名第二。这项研究还发现，目前的社会影响信息并不能显著地推动消费者支付溢价。然而，已有文献表明，消费者将社会影响产品属性作为优先事项，这意味着消费者意识到产品社会可持续性绩效的重要性，但这些信息目前对他们支付价格溢价的意愿没有贡献。

为了实现可持续发展的目标，我们认为，需要通过企业如何通过提供不同的产品可持续性信息来提高消费者意识的指导来阐明信息提供和消费者感知的价值。同时，学术界和实践者以及消费者的集体努力对于整合缺失的社会维度至关重要。这项研究为企业采用产品可持续性指标提供了理论和方法上的支持，不仅涉及环境影响，还涉及社会影响。这有助于减少消费者的行为不确定性，促进绿色产品的销售和消费者支付溢价。预计消费者购买决策可以影响企业如何开展业务和组织管理活动。

假设测试和讨论的结果正如上文讨论的，我们考察了大量的关系。图 5-4 显示了修改后的模型的估计协方差结果。此外，目前的研究还分析了不同类型的产品可持续性信息，包括能源和材料、环境影响和社会影响信息，如何推动消费者支付溢价的意愿。在本研究中，一些传统的环境影响属性，如水质、水消耗、生产工厂的平均噪声水平、本地社区等，吸引了消费者更多的关注。被归类为能源和物质影响的八个属性并没有显示出与推动消费者支付价格溢价意愿的积极联系。

5.4.2　结果讨论

有类似研究表明，消费者对再制造产品的感知价值和信任对其购买再制造产品的意图产生了积极影响。此外，关于再制造产品的节能、材料节约和减排的信息被认为对信任产生了积极影响，材料节约信息的影响最大。一些相关研究表明，向消费者宣传再制造的环境效益可能会增加他们为绿色产品支付溢价的意愿。Wang 和 Hazen 的研究表明，了解再制造产品的绿色特征在确定感知价值方面发挥着关键作用。进一步的研究应澄清信息提供与消费者感知的价值之间的差距，并完善对企业如何通过提供差异来提高消费者意识的指导。

有趣的是，我们发现与因素 3（社会影响）相关的可持续性信息目前并没有显著推动消费者支付溢价的意愿。然而，在以往的研究中，消费者将社会影响产品属性列为优先事项。同样，本研究的初步分析表明，平均重要性值大于 4.00 的 6 个属性中，有 4 个在社会可持续性层面，6 个社会影响因素都排在前十，见表 5-2。然而，这些属性并不是促使消费者为绿色产品支付溢价的重要因素。这些分析结果意味着消费者意识到了社会可持续性表现的重要性，但这类信息并不能促使他们支付溢价。

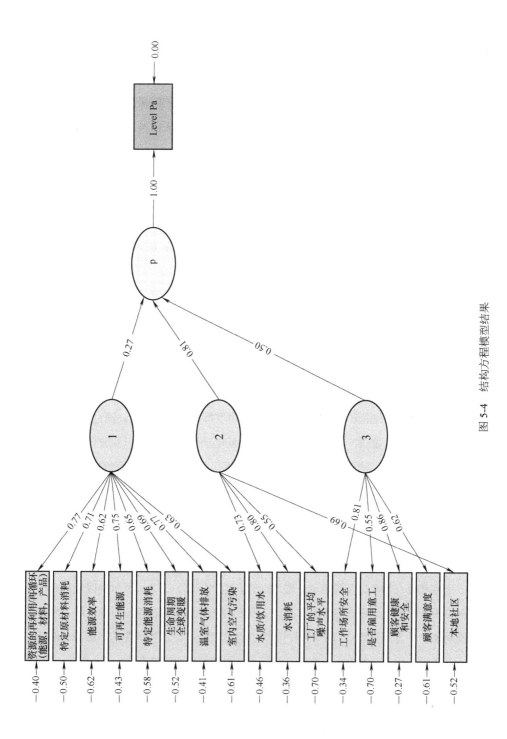

图 5-4 结构方程模型结果

这一现象的原因需要进一步从消费者心理学的角度进行研究。一种解释是，社会伦理信息一般不存在，消费者也不习惯考虑这些方面。客户可能会发现，考虑社会影响（无形因素）比环境影响（有形因素）更困难。正如 Pelsmacker 等人所指出的，社会属性（如公平贸易认证的情况）仍然是消费者的一个道德问题，实际的购买行为不符合对社会责任产品的积极态度。此外，考虑到社会可持续性表现，消费者需要更多的激励措施，如促销政策、媒体宣传、货币鼓励或道德鼓励。

此类信息的呈现形式极为重要，并决定了考虑此类信息的消费者比例。在宏观层面，需要进行系统的修改，以避免过于简化的标签，并通过提供更详细的信息来加强信息的一致性。这些变化可以通过政府的合作政策和行业参与来实现。决策者应注意，提供这种信息是一个需要解决的关键问题，应支持工业伙伴提供更多关于其产品社会可持续性属性的信息。

此外，应考虑地理的影响。欧洲客户可能认为社会属性是理所当然的，因为该地区的福利水平稳定。例如，就创建循环经济的可持续发展倡议而言，历史发展动机因地理原因而有根本的不同。在欧洲，这一概念是在可持续经济增长环境政策的范围内实施的，而在中国，可持续发展的出现符合"和谐社会"理念。

基于认知消费行为模型，本研究开发了一套能够充分满足消费者保护标准的必要属性，并在"能力——促进者——基础设施"框架中发挥促进者的作用。通过调查和分析，发现消费者优先考虑哪些产品的可持续性信息（就电动汽车而言），以及它们如何推动消费者支付溢价的意愿。需要指出的是，这项研究不仅包括关于环境影响的信息，还包括社会影响的信息，并进行产品的评估。同时，本研究从多角度对必要属性的重要性和权重提供了实证见解。

本研究利用了欧洲电动汽车消费者样本数据，今后对其他产品类别的研究可以参考本研究中开发的环境和社会属性尺度。其他可能参考的产品类别包括电器、电子、工业设备、家庭和办公用品以及建筑等。在制造业，生产技术、工艺、原材料以及社会和技术资源在很大程度上显示出相似性。然而，我们应该注意到，在某些行业领域，如纺织品，支付溢价的意愿可能会有所不同，因为在这些行业中，这些行业的动态与上述行业有很大的不同，因为与其他行业相比，纺织业与更多的负面信息有关。

5.4.3 研究结论

为了实现可持续发展的目标，我们认为，需要通过完善对企业的指导，说明如何通过提供不同的可持续性来提高消费者的认识，从而澄清信息的提供和消费者的感知价值信息。同时，不仅需要学术和从业人员的努力，不需要消费者的集体努力。这项研究为企业采用产品可持续性指标提供了理论和方法上的支持，这些指标不仅涉及环境影响，而且涉及社会影响，有助于减少消费者的行为不确定性，并促进绿色产品销售和消费者支付溢价的意愿。预计消费者购买决定可以左右企业如何开展业务和组织管理活动。

由于绿色行为和支付溢价意愿背后的基本属性是复杂的，本研究的局限性在于其对绿色属性的看法有限，因为它们只适用于环境影响和社会影响。今后的研究应从心理学的角度纳入经济可持续性属性，如符号属性或内在属性。由于本研究使用了消费者调查，指标的局限性可能会在研究过程中使属性的权重产生一定的偏差，因此，应考虑更多的利益攸关方，取得更全面的成果。

此外，本研究只关注与可持续发展相关的属性对支付溢价意愿的影响，但应该强调，客户倾向于权衡，有时倾向于与可持续性相关的属性（如性能、美学、品牌声誉、质量等）权衡，这一问题可以通过在未来的研究中纳入更多的属性来加以解决，未来的研究方向还可以调查消费者在多大程度上能在传统产品属性和可持续发展属性之间做出权衡。

第6章
权重修正研究

本章将介绍基于行业专家视角的权重修正。不同工业领域的商品在其生命周期对环境和社会的影响会有所不同,其中的因子权重也会产生一定偏差。因此,可持续性表征指标的确定需要考虑行业专家的意见。本研究将运用层次分析法(AHP)收集行业专家意见,在对数据进行不一致性检查后,运用 Super Decisions 软件分析、确定因子权重,最后整合结果,得到因子最终权重,对提出的指标进行修正。本研究以简要的图表形式表达商品的可持续性表征指标,使其真正可为消费者提供参考信息。

6.1 研究方法

为了开发欧洲汽车公司的汽车配置模型,需要确定各因子权重,反映受影响的利益相关者对其重要性的判断。一般可以采用等权分析、主成分分析/因子分析、多指标分析等方法建立综合指标体系。本研究选择层次分析法(AHP)作为研究方法,克服了其他多准则分析方法的不足,使权重的直接分配成为可能。

6.1.1 指标制定方法

在编制综合指标时,采用了几种加权方法。等权重指标广泛应用于环境可持续性指数、综合领先指标等指标的制定。主成分分析/因子分析也常用于制定内部市场指数、企业景气指数等。多准则分析(MCA)提供了一个系统的程序,用于确定最佳方案、最佳子集或方案排序。这类方法通常要求决策者直接对备选方案赋予权重,如特征向量法、加权最小二乘法、熵法、线性映射技术、不可观测分量模型、目标距离、舆论、联合分析等。

然而,有学者认为,由于人类天生无法将所有标准的相关信息处理成稳定的权重,因此试图通过直接询问决策者来提取偏好是一个有先天缺陷的过程。此外，直接获取权重的方法不适合群体决策，因为通常不可能在不同观点之间达成一致。

6.1.2 层次分析法的步骤

层次分析法（AHP）是克服了其他 MCA 方法的缺点，使权重直接分配成为可能的 MCA 方法之一。它提供了一种逻辑的和有代表性的方法来构造决策问题和推导优先级。层次分析法由 Saaty 设计，是可持续性评估研究中常用的方法，涉及利益相关者的参与，似乎是可持续性的关键，已应用于钢铁行业综合可持续发展绩效指标、弹性关键绩效指标、欧盟新经济政策指标等的制定。

AHP 建模过程包括三个阶段：

1）构造决策问题，建立结构层次。

2）测量和数据收集。

3）标准化权重的测定。

详情将在下文介绍。利用这三个阶段的方法，我们首先在这一部分建立一个层次分析模型。

1. 建立结构层次

基于已开发的因子集合，成对比较的级别按以下方式组织：

1级：总体目标。

2级：环境影响；社会影响。

3级：材料和能源使用（5个属性）；空气（3个属性）；水（2个属性）；噪声（1个属性）；消费者（3个属性）；员工（2个属性）。

层次结构的顶层元素是决策模型的总体目标。层次结构分解为更具体的属性，直到满足可管理的决策标准。两个维度，即环境影响和社会影响，在层次结构的第二层确定。AHP 分析是通过使用软件超级决策进行的，其结构如图 6-1 所示。

2. 建立偏好强度体系

层次分析法对决策因素进行成对比较，并分配权重以反映其相对重要性。这个过程涉及从主要目标到次要目标的结构问题。一旦建立了这些层次结构，就构建了一个矩阵，从中可以成对比较每个层次（以及层次之间）中的元素。比较的方法是，分别张贴两个指标 i 和 j，看哪个对公司的可持续发展更重要。例如，指标 i 相对于指标 j 有多重要？

偏好强度用 1~9 的因子标度表示, 数值越大, 重要性越大。偏好强度的数量定义如表 6-1 所示。

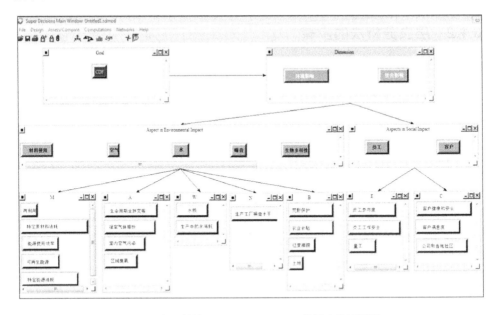

图 6-1 基于软件 SUPER DECISIONS 的层次分析模型

表 6-1 偏好强度的数量定义

偏好强度	定义
1	同等重要
3	较为重要
5	更重要
7	很重要
9	非常重要
2, 4, 6, 8	基于两个偏好强度中间的偏好值

3. 不一致性检查

在得到要求被调查者做出判断的尺度之后, 需要验证每个矩阵的一致性, 并将其表示为一致性比率 (CR)。在成对比较的过程中, 当决策者犯了粗心的错误或做出夸大的判断时, 可能会出现不一致。Saaty 建议将一致性比率为 0.1 作为可接受的上限。如果一致性比率大于 0.1, 决策者必须重新评估, 直到一致性比率小于 0.1。应用层次分析法软件 SUPER DECISIONS, 在每一个层次的比较中自动得到一致性值。

4. 标准化权重的确定

本研究对三家欧洲汽车公司的三位行业专家进行了三次半结构化访谈。选定公司和受访者的详细信息见第 6.2.1 小节。该模型使用规范化的指标值，运用层次分析法软件 SUPER DECISIONS 自动确定各指标的标准化权重。

5. 结果汇总

为了用层次分析法对这些思想进行综合，本研究采用了几何方法和算术方法。算术平均数通常被称为平均数，被大多数人认可。然而，根据 Forman 和 Peniwati 的研究结果，相对于算术平均数 AHP 中几何平均数具有较好的判断和优先级的一致性。因此，本研究选择几何平均值作为被调查者偏好的集合。

在应用几何平均值之前，应研究决策者思想的权重。每个被调查者的权重必须分别由 λ_i 决定和表示。同时，n 个被调查者权重的总和应等于 1，如式 6-1 所示：

$$\sum_{i=1}^{n} \lambda_i = 1 \tag{6-1}$$

如果 $X=(x_1, x_2, \cdots, x_n)$ 的集合是由 n 个应答者在第一个准则内的第一对比较的偏好组成的集合，则使用加权几何平均值在该准则内的聚合矩阵的第一个数组根据以下等式计算：

$$\bar{X} = \prod_{i=1}^{n} x_i^{\lambda_i} \tag{6-2}$$

每个因子 W_i 的权重是根据其维度 D_i 和方面 A_i 的显著性以及其自身的显著性 p_i 计算的：

$$P_i = D_i \times A_i \times p_i \tag{6-3}$$

$$W_i = P_i \times 100\% \tag{6-4}$$

6.2 研究结果

6.2.1 数据收集

欧洲是全球最主要的汽车制造地区之一，在 2014 年制造了约 1700 万辆汽车。根据制造工厂和总部所在地，本研究选择了三家覆盖欧洲南北部的汽车企业。受访者及其所在企业情况见表 6-2。

表 6-2　受访者及其所在企业情况

编号	企业	创建年限（年）	员工数（人）	工作年限（年）	职位
1	C1	50~100	100~5000	15	主管
2	C2	>100	5001~10000	28	标杆管理专家
3	C3	>100	5001~10000	12	区域经理

企业 1（C1）是一家成立于 20 世纪中叶的意大利卡车制造商。它为大型卡车和发动机制造商设计和制造零部件。它在全球拥有 500 多名员工，已成为国际市场上最强大的竞争对手之一。企业 2（C2）是一家全球性的跨国汽车制造公司，从 19 世纪初就开始生产汽车。该公司在信息披露透明度方面的总分最高（99/100），在减少碳排放的承诺方面的总分最高（A 分）。企业 3（C3）在道·琼斯全球和欧洲可持续发展指数（DJSI）中的得分为 89/100，而汽车行业被评估公司的整体平均得分为 61/100。

基于受访者的受教育水平、工作领域和经验，可以相信这三家汽车公司的选定受访者能够提供一个完整的环境友好型产品及其消费者的整体印象。第一位被调查者是生产及物流主管，有 15 年以上的工作经验。第二位受访者拥有 28 年以上的标杆工作经验，擅长工程、制造和生产过程方面的工作。第三名被调查者从事市场营销和商业计划协调工作，担任区域经理，工作年限 12 年以上。第一位及第三位受访者在欧洲获得 MBA/EMBA 学位，专攻工商管理、管理经济学。这些受访者的回答从学术和实践角度提供了宝贵的见解。根据之前对被调查者的描述，第一位及第三位被调查者的判断应该得到更大的权重。三位被调查者的权重分别用 λ_1、λ_2、λ_3 表示。

$$\lambda_1 = 2\lambda_2 = \lambda_3 \tag{6-5}$$

$$\sum_{i=1}^{3} \lambda_i = 1 \tag{6-6}$$

因此，在本研究中，$\lambda_1 = \lambda_3 = 0.4$，$\lambda_2 = 0.2$。根据三位被调查者提供的价值，可以计算出每一对被比较者的总体重要性。例如，一组温室气体排放和室内空气污染偏好的综合重要性为 $\left(1^{0.4} \times 3^{0.2} \times \frac{1}{3}^{0.4}\right) = 0.803$。

6.2.2　数据分析结果

在软件 SUPER DECISION 中输入每对比较的总值后，即可得到各维度和因子的显著值，见表 6-3 的最后一列。

表 6-3 层次分析法的综合结果及各因子显著值

维度间的比较结果

	环境影响	社会影响	显著值
环境影响	1	1.122	0.580
社会影响		1	0.470

环境影响 4 个方面间的比较结果

	空气	材料使用	噪声	水	显著值
空气	1	0.135	1.335	0.725	0.128
材料使用		1	2.713	1.246	0.501
噪声			1	0.983	0.150
水				1	0.221

社会影响 2 个方面间的比较结果

	顾客	员工	显著值
顾客	1	0.725	0.42
员工		1	0.58

空气相关 3 个因子间的比较结果

	温室气体排放	室内空气污染	生命周期全球变暖	显著值
温室气体排放	1	0.802	1.016	0.311
室内空气污染		1	0.802	0.333
生命周期全球变暖			1	0.356

材料使用相关 5 个因子间的比较结果

	能源效率	可再生能源	再利用	特定能源消耗	特定原材料消耗	显著值
能源效率	1	2.371	1.246	2.371	4.210	0.352
可再生能源		1	1.246	1.552	1.246	0.171
再利用（资源的再利用/再循环（能源，材料，产品），以下同）			1	2.371	3.000	0.247
特定能源消耗				1	0.802	0.109
特定原材料消耗					1	0.122

水相关 2 个因子间的比较结果

	水消耗	水质/饮用水	显著值
水消耗	1	1	0.5
水质/饮用水		1	0.5

(续)

消费者相关3个因子间的比较结果				
	本地社区	顾客健康和安全	顾客满意度	显著值
本地社区	1	0.517	1.127	0.273
顾客健康和安全		1	1.207	0.433
顾客满意度			1	0.294
员工相关2个因子间的比较结果				
	是否雇用童工	工作场所安全	显著值	
是否雇用童工	1	2.178	0.686	
工作场所安全		1	0.314	

相应地，计算每个因子的权重。例如，能量效率因子的权重为 0.58×0.501×0.352=0.1023，占所有权重的 10.23%。表 6-4 显示了层次分析法中每个因子的显著值和权重。

表 6-4 层次分析法中每个因子的显著值和权重

维度	显著值	方面	显著值	因子	显著值	权重	占比(%)
环境影响	0.58	材料使用	0.501	能源效率	0.352	0.10228	10.23
				可再生能源	0.171	0.04969	4.97
				再利用	0.247	0.07177	7.18
				特定能源消耗	0.109	0.03167	3.17
				特定原材料消耗	0.122	0.03545	3.55
		空气	0.128	温室气体排放	0.311	0.02309	2.31
				室内空气污染	0.333	0.02472	2.47
				生命周期全球变暖	0.356	0.02643	2.64
		水	0.221	水消耗	0.500	0.06409	6.41
				水质/饮用水	0.500	0.06409	6.41
		噪声	0.150	工厂的平均噪声水平	0.135	0.01175	1.17
社会影响	0.47	员工	0.580	是否雇用童工	0.686	0.18700	18.7
				工作场所安全	0.314	0.08560	8.56
		顾客	0.420	本地社区	0.273	0.05389	5.39
				顾客健康和安全	0.433	0.08547	8.55
				顾客满意度	0.294	0.05804	5.80

表 6-5 显示了因子的权重及排序，对应的结果如图 6-2 所示。

表6-5 因子的权重及排序

因子	权重（%）	层级	因子	权重（%）	层级
是否雇用童工	18.70	L5	本地社区	5.39	L4
能源效率	10.23	L5	可再生能源	4.97	L3
工作场所安全	8.56	L5	特定原材料消耗	3.55	L3
顾客健康及安全	8.55	L5	特定能源消耗	3.17	L3
再利用	7.18	L4	生命周期全球变暖	2.64	L2
水消耗	6.41	L4	室内空气污染	2.47	L2
水质/饮用水	6.41	L4	温室气体排放	2.31	L2
顾客满意度	5.80	L4	工厂的平均噪声水平	1.17	L1

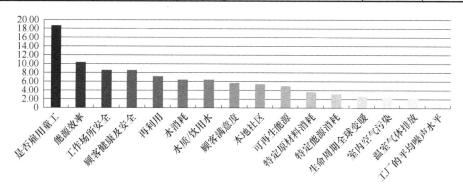

图6-2 层次分析法得到的因子的权重排序

16个因子中有10个因子的权重高于4%，其中是否雇用童工权重最高（18.70%）。一般来说，上述因子的权重可以分为五个级别，分别为L1（1%~1.99%）、L2（2%~2.99%）、L3（3%~4.99%）、L4（5%~7.99%）、L5（>8%）。

经过数据分析，分别得到各因子的权重。通过综合运用它们的因子，将通用列表转化为汽车行业的一种配置。该研究是专家在建立因子集过程中获取权重的重要步骤，所提出的配置模型可望有助于可持续消费和生产的信息过渡方法方面的研究。进一步的研究将用案例评估这些属性的有效性。

6.3 加快制定和实施可持续消费公共政策

政府、企事业单位、个人均是消费主体。可持续的实现离不开三者的共同努力。毫

可持续消费促进机制及循环经济

无疑问,政府在实施可持续发展战略中处于至关重要的主导地位。政府在促进可持续消费中承担着方向的引领者,政策体系的构建者,经济、法律以及宣传等手段运用者的责任。通过引领和各种手段的运用,加强消费者消费的道德意识和责任意识,强化自我约束,倡导适度消费、绿色消费、文明消费,使企业依靠科学技术的进步与创新,构建促进可持续消费的生产体系,等等。可持续消费的实现是一个复杂的系统工程,涉及社会、经济、政治、文化的方方面面。政府治理的各环节几乎都直接或间接地与可持续消费有关。

尽管中国在能源节约、生态环境保护方面取得了不小进展,但总体来看,可持续发展的实践仍存在很多问题。我国实现可持续消费的目标与战略的科学性有待进一步提高,引导可持续消费模式的政策体系亟待完善。可持续消费模式的建立以及可持续发展的实现,离不开一个以社会主义核心价值体系武装的、认真落实科学发展观的、尽职尽责的资源节约型、环境友好型政府。

第 7 章
中国可持续消费行为及循环经济发展现状

中国目前是世界上二氧化碳排放大国,也是能耗水平较高的国家之一。但是在城市,中国的可持续消费行为有所增加,一些明显的证据包括消费者食品购买行为的逐渐转变。有研究表明,消费者愿意为产品信息的完整透明度支付溢价。本研究着重于中国的消费者行为,回顾了过去十年中国可持续消费行为的新趋势和研究课题,并表明,社会需要进一步规范和发展可持续消费模式和绿色消费行为,促进企业实现绿色经济转型,促进循环经济创新。本研究采用系统评价的方法,研究内容分为几个主要主题:国家政策和法规,消费者的环保意识,相关概念的定义,可持续消费与循环经济之间的障碍,中国循环经济评估的指标。另外,本研究总结了有前景的研究方向,并提出了政策制定建议。本研究是可持续消费行为研究领域的一项基础研究,可以为学术研究人员和决策者提供有用的附加价值,同时还从宏观经济角度阐述了对中国可持续消费行为的进一步研究的方向。

7.1 研究背景

工业和城市的快速发展对自然资源的需求和环境承载力的要求不断增加,这种日益增长的需求导致了严重的环境恶化,除此之外也对世界经济和社会的可持续发展构成了越来越大的威胁。为了抵消这些影响,自20世纪80年代布伦特兰报告出版以来,各国政府在世界范围内实施了一些有效的环境保护政策。同时鉴于物联网、互联网及其他传统行业的发展,传统商业模式的改变是不可避免的。

然而,如果考虑到70亿全球人的集体行动,可持续性几乎是不可能的,因为不可持续的消费模式和水平是不可持续发展的根本原因。可持续生产和消费(SPC)首次成为政策概念是在《21世纪议程》中被提出的,之后它再次被确认为世界首脑会议可持续发展问题的核心。在欧洲政治议程上，经修订的2005年欧洲可持续发展战略明确地将可持续的消费和生产模式确立为目标。研究人员和政策制定者都意识到不可持续的消费模式和水平是环境退化的重要原因，特别是在工业化国家。同时，根据欧盟的说法，"改变不可持续的消费和生产模式"是《可持续消费与生产的10年计划框架》（10YFP）的目标，该计划鼓励国家和地区实施措施从而加速向可持续消费和生产的转变。

7.1.1 循环经济的定义

鉴于可持续发展的挑战，过去十年中循环经济的概念在学术界和工业界都变得越来越重要。Kirchherr J.等人研究总结了114种对于循环经济不同的定义。通常来讲，循环经济是指在生产、流通和消费等过程中进行的减量化、再利用、资源化活动的总称，以减物质化（Reducing）、再利用（Reusing）和再循环（Recycling），也即"3R"原则为根本内容，是对"大量生产、大量消费、大量废弃"的传统增长模式的根本变革。它被认为是对"拿来、制造和弃置"的现行经济体系的修正反应。后来，"4R框架"被广泛应用，该框架是欧盟废物框架指令的核心。具体而言，该框架引入了"恢复（Recover）"作为第四个R。循环经济是包含一些可持续性方式的一般概念，如再生设计、性能经济、"摇篮到摇篮"实践、工业生态学、仿生学和蓝色经济等。

欧洲和中国都在推动循环经济的发展，循环经济正在成为政策、法律法规制定中不可或缺的一部分。2016年11月，中欧循环经济发展论坛在北京召开。2017年6月，世界循环经济论坛在赫尔辛基举行。很明显，循环经济是中国和世界其他地区未来的发展方向。为了促进循环经济发展、提高资源利用效率、保护和改善环境、实现可持续发展，我国曾制定了《中华人民共和国循环经济促进法》，2009年开始实施。中国政府近年来高度重视循环经济发展，把循环经济作为重要任务。"十二五"时期，《"十二五"循环经济发展规划》首次提出资源产出率提高15%的循环经济发展目标。"十三五"规划则提出了五大资源节约和再循环工程项目。在2016年6月25日举行的中国循环经济发展论坛上，中国工程院原院长、院士徐匡迪说，2015年，我国循环经济产值已达2万亿元。

许多循环经济的新兴商业模式创造了就业机会和新价值。商业模式被定义为"企业如何创造和运用经济价值的概念逻辑"。同样，商业模式创新是指促进可持续生产和消费形式的手段，与技术创新和循环经济相关。因此，循环商业模式可以被理解为循环经济的商业模式，是可持续商业模式的一类或一般策略。商业模式（BM）的主要研究方向是价值映射与分析，包括价值主张、价值创造和价值捕获。

7.1.2 循环经济商业模式研究

中国目前是世界上二氧化碳排放大国,也是能耗水平较高的国家之一。中国的可持续消费行为有所增加,特别是在城市中,例如在食品购买行为中可以看到一些明确的证据。最近的研究还表明,消费者愿意为产品信息的完整透明度支付溢价。

企业对循环经济及其价值有较多的了解,它们也非常愿意在循环经济中运作,但这并不表示这些企业采取了积极行为,因为存在结构、文化背景等方面的问题。循环经济实施的驱动因素和障碍已得到广泛研究。一些研究已经确定了实施循环经济商业模式(CBM)的几个驱动因素,其中包括政策和法律法规、制造过程中的成本节约、紧密的客户关系、将商业模式转变得更加可持续的决策力度、改善对客户行为的理解度、提高利润率、减少环境影响、组织文化和品牌保护。一些研究表明,循环经济实施的障碍包括:缺乏资金、消费者缺乏兴趣和意识、公司文化不稳定;缺乏政府支持和有效立法;缺乏技术和技术知识;供需网络和渠道控制缺乏支持。值得注意的是,技术壁垒并未被列为最紧迫的循环经济障碍。

尽管中国可以被认为是循环经济的早期采用者之一,但其可持续消费行为和模式仍不够明确。此外,相关政策、法规或工具仍必须在可持续消费方面有所作为,特别是在循环经济快速发展的背景下。因此,本研究关注中国的可持续消费行为,收集和分析了2007—2017年关于这一主题的文献,同时突出循环经济发展背景下的新趋势和研究课题。这是可持续消费行为研究领域的一项基础研究,为学术研究人员和决策者提供了一些额外价值。

7.2 研究方法

如7.1所述,本研究回顾了中国的可持续消费行为,并提出了新的趋势和研究方向。它侧重于最近中国研究人员和从业人员的研究课题。本小节介绍文献综述的方法和材料选择,在指定研究问题后,对研究范围进行阐述。最后介绍数据收集的过程和开发的多个标准,以进行现有文献的分析与整合。

要选择相关的文献,必须生成与研究重点相对应的研究问题。为了达到该目的,本研究运用了背景——干预——机制——结果的研究方法。该方法明确了四个关键部分,如

表 7-1 所示。

表 7-1 问题列表

组成部分	问题
背景	可持续消费行为在中国的地位如何？
干预	有什么相关的概念与实践？
机制	可持续性消费在促进循环经济中的作用方式是什么？
成果	如今有哪些国家政策/法规、影响、实验模拟、创新工具和消费者心理研究存在？

文献检索始于对中国数据库 CNKI(www.cnki.net)的调查，然后扩展到 Science Direct 和 Scopus。搜索方法涉及两个主要领域中的精确短语和截断字符的组合，即可持续消费模式和行为以及循环经济。在可持续消费模式和行为领域，使用的精确短语包括"可持续消费""绿色消费"和"低碳消费"，还考虑了截断字符，例如与"模式"相关的词语——"行为"和"中国"。在循环经济领域，确切的短语包括"循环经济""绿色经济"和"低碳经济"，考虑截断字符，如"中国"，还搜索了诸如"循环经济""中国"和"可持续消费"等词汇组合。

在收集了 121 项研究文献之后，对每篇文献的组成部分进行了全面总结，以确定它们之间的关联。摘要包括：一般信息（即作者姓名、日期、职称、来源和出版商），研究类型（即文献综述、方法论、案例研究或政策文件），研究领域（即标准或欧盟政策、可持续性评估方法、消费者意识和行为、生态效率、营销或整体可持续生产和消费），研究问题和主要发现，方法或研究设计，数据收集和分析方法。

7.3 可持续消费行为及循环经济研究

根据从 CNKI 网站获得的数据，2009 年，低碳经济相关研究的文献数量开始增加，2010 年达到峰值后下降。可持续消费模式的研究从 2014 年开始在中国出现。2004—2006 年，中国循环经济的研究文献数量急剧增加，标志着循环经济概念的首次出现。此后，相关研究的文献数量逐渐减少。与可持续消费相关的中国循环经济研究数量在 2006 年达到峰值，然后下降。然而，2016 年，它再次增加。

为了显示几个主要元素及其逻辑之间的关系，图 7-1 给出了绿色意识、消费者可持续消费行为、循环经济 4R 及相关障碍之间关系的框架，底部的指标体系显示了对更全面了解整体情况的定量见解。

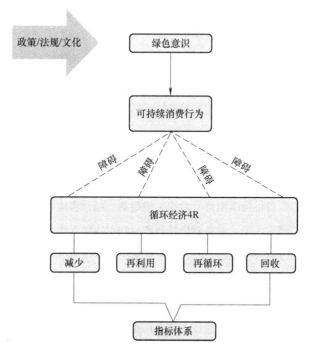

图 7-1　绿色意识、消费者可持续消费行为与循环经济及 4R 之间的关系框架

7.3.1　国家政策和规则

近年来，中国高度重视企业的可持续发展及其绿色转型过程。在"十三五"规划中，国家将重点转向生产和消费。随着科学技术和社会的迅速发展，人们逐渐意识到循环经济必须坚持可持续消费。除依靠宏观政策层面提升居民的行为环境外，还必须进一步研究消费者可持续消费行为的集体效应。因此，可持续消费模式的方法和政策研究逐渐引起全球政府和研究人员的关注。从生态现代化的角度看，消费者有能力实现可持续发展，可以合法、有效地加强消费者参与环境决策，促进环境信息的公开、透明和民主治理环境。消费者可以成为促进者，促进可持续生产和消费，从而实现可持续的环境和社会发展。2014 年 10 月 29 日，国务院召开行政会议推动消费扩张和升级。自此，绿色消费和节能产品成为六大消费者促销领域之一。

然而，Dendler 和 Dewick 人认为，程序问题是中国有机标签计划更广泛制度化的主要障碍。Schroeder 利用专家评估和案例研究指出，中国的可持续消费和生产治理体系在许多方面仍然被认为是不规范的。具体而言，自上而下的方法通常被认为是更有效的举措，是中国环境治理体系的独特优势。然而，实践证明，民间社会、社区和小企业联合开展的小规模地方举措可以非常成功地实现区域一级的可持续生产和消费，特别是在农村地区。他们建议，应通过强调提供可持续产品与可持续消费实践之间的联系，将注意力转移到更好地理解消费者行为的问题上。Chang 在研究了中国的政策体系后指出，当前政策体系面临的两个新挑战：对可持续体系的社会和经济方面的考虑以及一些关键政策的力度有待加强（如环境影响评估政策）。

7.3.2 消费者的绿色意识

绿色意识是消费者可持续消费行为的关键要素。消费者能意识到绿色问题，如自然资源枯竭、全球变暖和污染，并在做出绿色产品购买决策时考虑到这些因素。对可持续消费的影响因素和行为分析已经发现，行为意图在解释行为中起着最重要的作用。

然而研究表明，环境意识对居民的节电行为没有显著影响。此外，很明显，消费者已经对产品的可持续性信息有很高的需求，这些信息可以帮助他们做出购买决策。他们现在需要有关产品供应链和生产过程的更多信息。在选择绿色产品时，他们倾向于将绿色知识和态度与绿色品牌意识相结合。最近的研究还表明，当产品信息完全透明时，消费者愿意为产品支付溢价。

实际上，尽管消费者愿意为可持续性支付溢价或改变他们的消费习惯，但他们仍缺乏做出明智选择所需的充分、可靠的信息。其中一个最重要的原因是从可持续生产向可持续消费过渡的可持续性相关信息有限。目前，消费者主要通过可靠来源和参考群体（即其他绿色消费者）来获得某些可持续性信息。

因此，要实现可持续消费，就必须进一步加强自下而上的努力，鼓励民间社会参与环境问题的讨论和决策，促进环境信息的公开性和透明度。Liu 和 Bai 研究了中国的 157 家制造企业发展循环经济的意识和行为。结果表明，企业对循环经济及其价值观有较好的了解，并表现出在循环经济中运作的强烈意愿。然而，这并不表示有相应的行为，因为存在结构、文化背景等障碍。他们建议政策制定者应重点关注利用法规和激励措施建立有效的现代公司治理体系，以克服这些障碍，让企业通过经营循环经济来改善其行为。

7.3.3 消费行为与循环经济

为了加速可持续消费和生产的转型，世界各主要发达国家均认识到，需将公众行为

第7章 中国可持续消费行为及循环经济发展现状

及其需求作为可持续发展的动力及核心。欧盟于 2011 年将"改变不可持续的消费和生产模式"确立为《可持续生产与消费的 10 年计划框架》的目标。美国学者 Colglazier 在《科学》上明确指出,为公众提供有效信息,建立知识社会（Knowledge-based Societies）,是实现 2030 年可持续发展日程的关键。另外,加拿大及美国的学者 2016 年联合发表在《自然》上的研究提出,可持续发展的政策制定者必须将社会公众的行为及利益相关者的需求作为核心,只有这样才能实现真正的可持续和公平。

同时,可持续消费有赖于可持续生产,并以可持续生产为前提,因而必须将可持续生产与可持续消费作为一个整体,综合考虑生产与消费对资源和环境带来的负面影响。因此,包忠明等人认为,中国有必要对可持续消费单独立法,为构建可持续消费模式提供有针对性和强制性的法律支持。

如图 7-2 所示,王海燕等人认为,减物质化和非物质化是循环经济发展的第一要义,对减物质化和非物质化的可持续消费模式进行了探讨。减物质化与非物质化体现在资源输入阶段、产品消费阶段和输出阶段等各个环节中,涵盖了生产者（企业）、消费者（居民）和政府（减物质化和非物质化策略的制定者）三个维度,其核心思想就是在生产、流通、消费、最终处置和政策供给等各个环节中,减少资源投入和废弃物排放的数量,并在此引导下,让消费更加关注产品的质量和功效,追求产品服务的最大化,逐渐向绿色消费模式过渡。如图 7-2 所示,强调可持续消费追求的是生产发展、居民消费及废弃物处理的"三位一体"的结合,其中,居民可持续消费是经济活动中的重要一环。

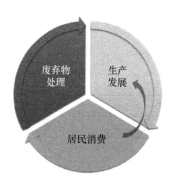

图 7-2 可持续消费"三合一框架"

从广泛的经济（"摇篮到产品"）到经济的最终处理（"从摇篮到坟墓"）,循环经济（"从摇篮到摇篮"）的概念已经出现。为了与绿色发展趋势保持一致,张智光提出了涉及生态文明的超循环经济的理论和模型,并将其基本概念和结构描述为"繁殖育种"。Lorek

和 Spangenberg 认为转变消费模式的关键是实现"强有力的可持续消费"。这意味着通过社会创新而不是技术来解决生态环境问题，促进协同消费和共享经济。Cohen 和 Muñoz 进一步指出，共享经济将可持续生产与消费相结合，这种组合将是实现可持续生产和消费的重要途径。刘等建议通过强调提供可持续产品与可持续消费实践之间的关系，将注意力转移到更好地了解消费者行为的问题上。此外，Wang 等人强调，必须建立一个有效的政策管理系统，协调节能信息和财政激励的传播，将绿色意识灌输到可持续的消费行为中。

7.3.4 实现循环经济的障碍

实现循环经济的若干障碍，包括低碳消费的障碍等。本研究总结了这些障碍，表 7-2 详细列出了四项具有代表性的研究。前两项研究侧重于一般背景，后两项研究侧重于中国背景。所有这些都表明监管不力是最主要的障碍，而技术壁垒是第二个主要障碍。所有研究都考虑了财务机制和市场。同时，文化因素、信息缺乏以及缺乏城市和区域层面的做法也不能被忽视。

表 7-2 实现循环经济的障碍

编号	1	2	3	4
研究方向	打破进入循环经济的壁垒	在生态工业园区建立绿色经济的绿色供应链：障碍和战略	走向预防性生态工业发展：中国典型工业城市的工业和城市共生案例	中国工业部门的能源强度趋势和现状：区域案例研究
因素	政策	政策	不规范的政策	低效率政策
	文化	机构	信息缺乏	城市和地区的实践
	技术	财政	关键技术	财政机制
	市场	技术		
背景	一般	一般	中国	中国

7.3.5 中国循环经济评估指标

多位研究人员通过在不同背景下开发各种指标并使用基于能值的理论等方法，在中国进行循环经济评估。Geng 等人引入了中国特有的循环经济指标体系。该系统包括两套设计用于宏观级别和工业园区级别的分析和监测指标体系，分别有 22 个指标和 12 个指标。Yang 等人评价了陕西省循环经济发展并发现其稳步增长。Wang 等人基于能值理论，提出了一种衡量中国黄河三角洲地区可持续性的社会经济自然方法。Lu 等人回顾了中国国家示范可持续发展区的指标体系，他们发现目前的指标体系为帮助不同园区走向可持续发展提供了有价值的指导，因为它反映了政策倾向并评估了公共政策的有效性。但是，该系统不足以评估可持续园区的整体性质。具体而言，它缺乏跨领域的整合，例如未充分考虑区域差异，缺乏通用的数据收集和计算方法，未考虑与地方官员绩效的关系。

Chen 等人指出，基于能值的指标反映了中国云南省经济发展对当地生态系统的高度依赖性，这远远不是可持续发展。他们提出了改善该省可持续发展的政策建议，如促进循环经济和调整产业结构。

7.4 新趋势及研究方向

文献分析部分突出了当前研究的局限性，为进一步研究的方向和未来的预期挑战提出了建议，并总结了对研究和政策制定的建议。

可持续消费研究应成为国际循环经济研究的重要组成部分。然而，大多数研究都侧重于消费者观点、购买偏好、新的消费模式或商业模式，或者从宏观经济角度探讨了产业结构或循环经济政策调整的必要方向，并未关注可持续消费与循环经济之间的动态联系或其相互影响和作用。因此，进一步规范和发展低碳消费模式和绿色消费行为是促进企业向绿色经济和循环经济转型的必要条件。具体的研究方向可能包括以下内容：

1）对可持续消费模式和特征的分析（仍然含糊不清）。
2）深入了解不利于循环经济发展的问题（目前尚不存在）。
3）了解可持续消费模式和行为对循环经济的影响（目前尚不充分）。
4）发展循环经济的政策指导以及可持续消费发展的指导和规范（需要大力加强）。

如上所述，学者们提出了在中国建立可持续消费体系所需的四个因素：一是积极实施环保产品和服务认证、产品环境标志认证和有机食品认证；二是大力推进政府绿色采购；三是通过有效的国际互认方式建立适应国际标准的绿色贸易渠道；四是加强宣传教育，倡导绿色消费观念，引导公众绿色消费。

在这四大支柱中，"通过有效的国际互认方式建立适应国际标准的绿色贸易渠道"是最复杂和难度最大的,因为它涉及国际标准和相互认可,需要深入了解相关政策、标准和当前做法。

首届中欧循环经济发展论坛于 2016 年 11 月在北京举行,这是欧洲与中国交流的良好起点。进一步的研究可以侧重于深入分析两个贸易体系及相关政策和标准的异同,还可以探索如何达到相互认可。

在该论坛讨论中达成了关于具体目标的一些共识,并确定了以下目标:

1)在尊重知识产权的基础上,加强中国与欧盟的合作与知识交流,特别是循环经济技术。

2)加强相关标准制定、标识制作和认可(特别是对于被视为资源并在市场上交换的产品)以及提高欧盟和中国市场的接受程度。

3)加强材料、节能技术及其应用的交流与合作。

4)积极扩大合作范围,以解决与全球变暖有关的问题。

5)探索创新的合作形式,如联合研发,共同推动技术应用,支持中国的"一带一路"倡议,促进欧盟和中国的绿色增长。

在"一带一路"倡议下,有关国家之间有很多机会交流经济发展、交流文化,也有很多机会共同研究可持续消费模式。

7.5 结论

本研究是可持续消费和循环经济混合研究领域的基础研究,特别关注中国背景。它为学术研究人员和决策者提供了附加价值。本研究回顾了 2007—2017 年中国可持续消费行为的新趋势和研究课题。它考虑了相关概念、国家政策和法规的不同定义、可持续消费与循环经济之间的差距和关系、消费者的绿色意识、各种影响因素、实验和模拟、消费者心理以及创新工具、指标和促进者。本研究还提出了未来的研究方向,并探讨了可持续消费如何促进循环经济的未来挑战。

本研究表明,社会需要进一步规范和发展可持续消费模式和绿色消费行为,促进企业绿色经济转型,促进循环经济创新。它还总结了几个有前景的研究方向,并提出了政策制定方面的建议。探索"摇篮到摇篮"的公司业务战略以提升其产品的认证水平和设定可持续性优先级也是有意义的。此外,鉴于欧洲和中国的联系越来越紧密以及"一带一路"倡议的机遇,可通过有效的国际认可和相互认可的方式,建立适应国际标准的绿色贸易渠道。

本研究仅提供了研究领域的概述,涵盖了可持续消费和循环经济研究的文献,未来的研究可以对每个子领域进行深入分析,如可持续消费行为在促进循环经济中的作用或机制。另外,本研究强调政府政策和相关法规的重要性,但没有就这两个主题提供深入的建议,因此关于这个主题需要更多的实证研究。

第 8 章
可持续消费及循环经济商业模式探索

自 1987 年挪威首相发表"布伦特兰报告"以来,全球各国政府都在积极努力施行有效的环境政策来扼制气候变化,促进社会的可持续性发展。然而,工业化及城镇化的快速发展对自然资源和环境带来越来越大的压力,环境总体上持续恶化,进而威胁社会和经济的可持续发展。为了迎接新一轮科技革命和产业变革的到来,全世界聚焦工业 4.0 及中国制造 2025,将重点放在推进信息技术与制造技术的深度融合。同时,在物联网和互联网加的逐步发展及普及的趋势下,改变传统的企业增长模式,中欧都在全力推进循环经济发展。2016 年 11 月,首届中欧循环经济发展论坛在北京举行。2017 年 6 月,世界循环经济论坛在芬兰赫尔辛基开幕,循环经济将是中国未来经济发展的必然选择。

8.1 循环经济商业模式定义

商业模式(BM)这个术语被定义为"企业如何创造和分配经济价值的概念逻辑"。相关的商业模式创新(BMI)是指促进可持续生产和消费形式的手段,与技术创新和循环经济相关。因此,循环经济商业模式(CBM)可以被理解为循环经济的商业模型,是可持续商业模式的一类策略或通用策略。它被定义为"一种商业模式,其中价值创造的概念逻辑基于利用产品在生产新产品后保留的经济价值"。因此,CBM 强调从用户返回生产者的流程,尽管双方之间可能存在中介/步骤。

商业模式的主要研究流程是从价值映射和分析的角度进行的。例如,商业模式的价值维度包括:

1)价值主张和价值交付、财务结构。
2)价值主张、价值创造与交付系统、价值捕获。

3）价值主张、价值创造和价值捕获。

其中，价值主张指的是找到目标用户，发现他们急需解决的问题（痛点），并为用户提供解决方案。要通过精确定位来确立价值主张。精确化依赖的四个条件分别是时间、资金、技能和路径。

在研究流程的基础上，研究者们从两个主要维度提出了一种基于循环采用程度的循环商业模式的狭义分类：

1）客户价值主张与交互，是指在向客户提出价值时实施循环的概念。

2）价值网络，是指企业与供应商互动并重组内部活动的方式。

基于分类法，Ünal 等人通过绘制循环经济商业模式的一组管理实践体系来扩展研究，并沿着价值网络、客户价值主张和交互以及管理承诺三个主要维度来进行设计。此外，还研究了在循环商业模式中创造价值的管理实践的相关内部和外部背景因素。关于通过循环经济商业模式实践实现的增值，Ranta 等人对商业模式组成部分和相应的子组成部分进行了不同的研究，提出了一种循环商业模式映射工具，用于从延长的产品寿命和封闭的材料循环中创造价值，该工具提供了循环商业模式的元素和可能的循环周期的标准化表示方法。

8.2 企业绿色经济转型研究现状

然而，如何进一步规范和发展低碳消费模式和居民绿色消费行为，从而促进企业绿色经济转型，达到循环经济模式的相关问题，还没有被系统研究。本研究将从分析可持续消费模式及行为角度对企业循环经济转型问题进行探讨，阐明可持续消费对循环经济的促进机理，对循环经济的发展方向和政策导向进行展望。本研究将为企业制定循环经济转型策略提供理论与路径支持，对促进低碳消费和社会的可持续性发展有着重要的科学价值和现实意义。

绿色消费模式是人类发展模式的一次历史性转变，是一种人与自然相互协调的消费观，既强调消费的重要作用，又强调消费和再生产其他环节与环境的动态平衡，有利于取得人类社会和自然的协调发展。Geels 等人强调实现生产和消费的可持续性关键在于转变社会技术系统和人们的生活方式。本研究从可持续消费模式及消费者绿色意识两方面来阐述和分析国内外相关研究现状，并在此基础上提出研究思路。

8.2.1 消费者绿色意识研究

绿色意识是决定消费者可持续消费行为的主要因素。传统上，消费者进行消费时更多关注的是商品价格及质量，较少关心商品在生产过程中的能源消耗及其对环境的影响。随着社会教育、环保政策及绿色消费概念的逐渐普及，消费者的购买行为已经从单纯满足基本的生存需求转型到通过购买行为体现个人风格和社会价值。消费者在购买商品时，开始关注商品在生产和供应链阶段的信息。更确切地说，消费者有意愿了解、也需要商品供应商提供商品在供应链和生产等环节的历史信息。基于这些信息，消费者更愿意选择低碳环保商品及服务。最近的研究表明，消费者甚至已经做好了为低碳商品支付溢价的准备。近期调研表明，近一半的中国消费者愿意支付不高于5%的溢价。

现实中，由于缺乏简单易懂的商品可持续性信息的表征方式，商品生产商难以提供或者不完全清楚如何更加充分地提供商品的可持续性信息（即低碳商品在生产及供应链等阶段对社会及环境的影响信息）。同时，绝大多数消费者也对低碳商品的多种广告和宣传存在疑虑，无法通过这些信息做出购买决策。因此，实现消费的可持续发展需要进一步加强"自下而上"的努力，鼓励民众参与环境问题的讨论与决策，推进环境信息公开化和透明化。

为了促进循环经济发展、连接消费者与生产者，迫切需要系统地研究和分析现有可持续消费的模式和特点，以及可持续消费及循环经济之间的动态连接、相互影响及作用，通过有效规范和促进可持续消费模式和行为，为循环经济的发展方向和政策制定提供参考。

本研究首先对可持续消费模式及行为进行分类，从定义、范围、特点、商业模式、政策导向等对其区别和联系进行深入分析。其次，针对不同的可持续消费模式和行为，选择典型案例进行分析，对其中存在的不利于循环经济发展的问题进行深刻剖析，认识不同的可持续消费模式和行为对循环经济可能产生的影响，评估不同的可持续消费模式和行为能否达到促进循环经济转型的目的，同时，阐明达到促进循环经济转型的前提及关键因素，最后针对可持续消费模式及行为的引导及规范，对循环经济的发展方向和政策导向进行展望。

8.2.2 循环商业模式研究

许多课题研究了加快CE实施的驱动因素和障碍。以前的文献已经确定了实施循环经济商业模式的几个驱动因素，其中包括政策和法律法规、制造过程中的成本节约、紧密的客户关系、将商业模式转变为更大可持续性的领导力、改善对客户行为的理解度、提高利润率、减少环境影响、组织文化以及品牌保护。Linder 和 Williander 评估了几个驱动因素的影响：具有不同需求的客户类型；企业的技术专长、产品组合以及运营风险；资本捆绑和对合作伙伴的激励。此外，法律法规、领导力、组织文化以及企业战略与可持续发展商业模式之间的一致性是可持续发展商业模式的相关驱动因素。对于中小企业而言，企业环境文化（最高 67%）、网络（33%）、需求网络的支持、财务吸引力、认可度、个人知识和政府支持是主要推动因素。大多数企业表明，员工的思想和承诺是向循环经济原则过渡的一个重要方面。

一些研究表明，实施 CE 的障碍包括：缺乏资金；消费者缺乏兴趣和意识以及犹豫不决的企业文化；缺乏政府支持/有效立法；缺乏技术和技术知识；缺乏供需网络和渠道控制的支持。同时，没有一个技术壁垒被列为最主要的循环经济壁垒。最近的一篇博士论文从制度层面、价值链层面、组织层面和员工层面四个角度对循环经济的 30 多个次级障碍进行了分类。

在中国，企业对循环经济及其价值观有较好的了解，同时，它们有强烈的经营循环经济的意愿，但这并不表示有热情的行动，因为存在结构、文化背景障碍。尽管中国被认为是 CE 的早期采用者之一，但文献却很少提及我们在汽车零部件再制造行业背景下商业模式的障碍和机遇，缺乏实证研究，尤其是：

1）缺乏关注企业层面的研究，以解释企业如何采用这种新的 CE 模式及其可行的商业模式。

2）对于如何构建更好的商业模式没有明显的指导，缺乏一个解释企业如何愿意成为循环"适配器"以调整其现有商业模式或创建新商业模式的框架。

3）中国再制造商业模式尚未探索，需要进一步的理论和实证研究，以告诉企业如何在不同程度上实施循环经济模式。

8.2.3 循环商业模式影响因素分析

Li, D.等人研究探讨了环境合法性（外部非正式机制）对企业碳信息披露的影响，并研究了绿色创新（内部正式机制）作为中介的作用。如图 8-1 所示，研究结果表明，环境合法性对企业碳信息披露的可能性有显著的负向影响，绿色工艺创新起到了中介作用，而绿色产品创新没有显著的中介作用。

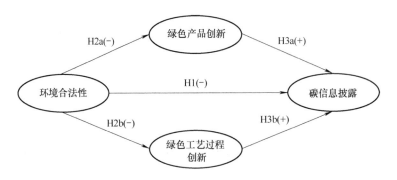

图 8-1 环境合法性对企业碳信息披露的影响

在综合动态能力视角和社会网络理论方面，来自 Li 的研究确定了影响企业绿色创新的因素，并考察了影响因素、绿色创新和企业绩效之间的关系。如图 8-2 所示，研究表明，动态能力、协调能力和社会互惠是绿色创新的重要驱动力，包括绿色产品创新和绿色工艺过程创新。通过结构方程模型来验证研究假设，结果表明，绿色产品创新和绿色工艺过程创新对企业环境绩效和组织绩效有正向影响。

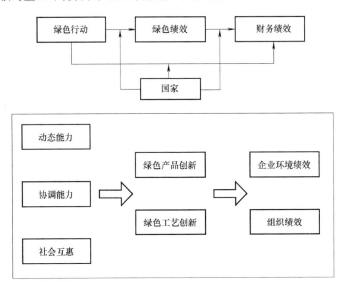

图 8-2 影响企业绿色创新的因素

Chen, F.等人针对目前关于企业绿色主张、绿色绩效和经济表现之间的关系研究很多，但大多数集中在对美国企业的研究上，缺乏全球的视角。Chen, F.等人收集了全球 35 个国家和地区的 486 家全球 500 强企业的数据，探究了跨国企业的绿色主张对绿色绩效及经济表现的影响：从全球范围内来看，企业的绿色行动水平（商业战略的采用）对的绿色绩效水平有着积极的影响,且影响因国家而异;绿色绩效水平对全球范围内的财务绩效水平具有正向影响,且影响因国家而异。

Leonidou 等人阐明了企业内部因素如何有助于小型制造企业制定绿色经营战略,进而影响其竞争优势和绩效。基于 153 家小型制造商的数据,其研究提出并测试了一个基于企业资源观的概念模型。如图 8-3 所示,研究结果强调了组织资源和能力在追求绿色商业战略中的关键作用。绿色经营战略的实施产生了区位竞争优势,在高监管强度、高市场活力、高公众关注度和高竞争强度的条件下,这种关联性变得更强。研究还显示,这种竞争优势有助于提高市场绩效和财务绩效。

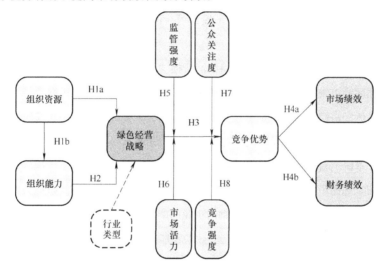

图 8-3 小型制造企业制定绿色经营战略企业内部因素分析

8.3　实践及案例——汽车发动机再制造行业

8.3.1　案例概述

本部分基础性研究探讨了我国汽车零部件再制造业的循环商业模式,并阐述了企业如何采用新的模式,以及如何改进以获得更好的商业模式。随着我国汽车工业的快速发展,汽车保有量迅速增加,报废汽车数量逐年增加。尽管中国是循环经济的早期采用者之一,但现有文献中很少提到中国汽车工业再制造商业模式的障碍和机遇。本研究旨在探讨可行的商业模式,总结当前的障碍,并预测未来的方向和机会。本研究从汽车零部件再制造产业发展设计、政策障碍和政府支持、消费者意识和相关产品质量技术等方面，总结了目前汽车零部件再制造中存在的障碍。本研究通过对两家再制造企业进行半结构化访谈，通过实证数据分析，通过对原材料回收、旧部件管理、生产技术、工艺和营销管理等方面的研究，建立了再制造企业可行的商业模式。在理论贡献方面，本研究在考虑价值网络和客户价值主张与交互的作用的基础上提出了理论研究方案，并针对再制造商业模式制定了一套相关的战略战术。对于战略管理，企业需要通过应用15个战略战术，在价值网络、客户价值主张与界面方面遵循不同的循环水平。此外，还展望了汽车零件再制造工业的发展方向和机遇。本研究通过提供第一手数据绘制障碍和机会图，帮助管理者在不同的企业背景下设计可行的循环商业模式，为循环商业模式文献做出贡献。

本研究在归纳并深入分析不同可持续消费模式及行为的基础上，揭示现有模式存在的不利于循环经济发展的问题，及产生的影响，评估现有模式对促进绿色经济转型的作用，明确绿色经济转型所需的前提条件及关键因素，并据此进行相关政策研究，针对可持续消费模式及行为的引导及规范，对循环经济的发展方向和政策导向进行展望。

因此，本研究旨在分别从价值网络、客户价值主张及界面的角度，探讨企业在战略和战术层面实施的可行商业模式。本研究对两个主要再制造企业按照研究方案进行半结构访谈，通过实证数据分析，建立再制造企业的商业模式，总结目前汽车零部件再制造中存在的障碍，展望汽车零部件再制造产业的发展方向和机遇。

8.3.2 再制造业商业模式探究

在许多情况下，再制造产品可以称为修整、翻新、重建、再认证产品。再制造厂拆解并清洗返回的产品，然后在重新组装和测试重建产品之前，替换或恢复所有丢失、有缺陷、被磨损或损坏的零件，以确保与新产品一样正常运转，让该产品恢复到"像新的一样"的状态，回到市场转售。再制造已经在许多学科的文献中进行了研究，包括运营管理、战略管理、供应链管理、闭环供应链管理、创新和商业模式。再制造作为一种商业模式，其内在的价值创造与获取方式引起了战略管理学者的注意。

从商业模式或战略的角度来看，Jia等人通过解决供求失衡，提出了再制造企业的战略经营模式。John和Sridharan建立了多阶段逆向供应链设计的数学模型。NußHolz开发了一个工具，提供循环商业模式的要素和可能周期的标准化表示，以延长产品和零件的使用寿命和材料闭环。

此外，在分析再制造商业模式时，研究者们还考虑了其他一些要素，如销售人员、消费者认知、第三方的议价能力较低等。从再制造行业议价能力的角度进行的研究发现，总有一些参数组合，其盈利能力和环境目标都存在冲突，只有当第三方的议价能力较低或内部再制造的固定成本较高时，盈利能力和环境目标才更有可能有机结合。Kovach 等人通过考虑销售人员激励模型，分析了销售人员激励如何影响企业的再制造战略和盈利能力。

Abbey 等人（2015）在研究闭环供应链中消费者对再制造消费品的认知的基础上，指出折扣对再制造产品的吸引力具有持续的正向线性影响。此外，绿色消费者和考虑绿色再制造产品的消费者通常认为，绿色再制造产品更具吸引力。Michaud 和 Rellena 在实验拍卖中指出，在提供环境信息的情况下，再制造产品的支付意愿并不一定较低。消费者的利益和支付意愿是由市场壁垒驱动的，市场壁垒是由缺乏协同政府干预来加速向循环经济过渡所导致的。

消费者对再制造消费品的认知对于决定再制造行业消费者的可持续消费行为至关重要。消费者意识到绿色问题，并在做出绿色产品购买决策时加以考虑。他们已经对产品级可持续性信息有了更高的需求，用它来帮助他们做出购买决策。他们需要更多关于产品供应链和生产历史的信息。考虑到产品信息的充分透明性，消费者准备为产品支付额外费用。最近的一项研究表明，产品的环境影响信息对绿色采购有显著影响，而社会影响则没有。这意味着消费者知道产品的社会可持续性表现很重要，但这些信息目前对他们的支付意愿没有帮助。可持续性相关信息不足，限制了消费者做出明智的选择。研究发现，消费者对再制造产品的看法很差，通常不准备采用它们；同时，消费者对再制造产品的态度是预测消费者转向再制造产品行为的重要审核因素。人们发现，缺乏消费者兴趣和意识以及犹豫不决的企业文化被认为是企业和政策制定者的主要 CE 障碍。特别是，从战略和战术层面的分析来看，工业组织在实施可持续发展战略时面临 15 个相关战略和战术。

8.3.3 再制造业商业模式发展障碍

汽车零部件再制造的发展仍存在许多问题和障碍。从表 8-1 中可以看出，B 企业再制造发动机的产销量的趋势是呈现下降趋势。造成该问题的原因主要有两方面：一方面，考虑到国家政策和机动车辆的排放标准升级，很多已经到了大修期的车辆由于排放标准的限制，不再参与发动机的再制造过程；另一方面，从市场环境的角度来看，副厂件、拆车件在市场上流通得越来越多，挤压再制造市场，对于客户而言，大多数人更喜欢低成本的产品解决方案，这些解决方案妨碍了他们参与发动机再制造过程的意愿。鉴于 B 企业的发展状况，本文总结了以下问题和障碍：

表 8-1　B 企业再制造发动机产销量

年份	2014	2015	2016	2017
产销量（台）	6120	4800	4200	4000

1. 再制造业发展的总体考虑因素不明确

一是再制造行业的发展缺乏全面考虑。以前的文献只提到了公共采购政策不可持续性导向。它需要时间来建立新的伙伴关系和相互信任。但是，由于国家再制造产业发展规划还没有出台，没有考虑制造业可持续发展对再制造业的需求，各地发展再制造的进度和方向不相同，有的单位没有处理好生产新品和再制造旧品的关系，没有立足国情分析旧品条件、销售渠道等因素，简单照搬国外技术，没有认识到如何立足于成熟技术发展中国特色的再制造。

虽然一些企业开始应用 DfX⊖ 实践，但各地和各企业间发展规划并不衔接，造成了一些矛盾和冲突。尽管有许多文献讨论了监管壁垒以及该领域立法的不确定性，但是，地方政府与企业发展规划之间可能发生的冲突却鲜有提及。目前真正具有再制造特征的企业不多，真正符合节能节材效果优先的中国特色再制造模式也不多。因此，制定产业发展规划对产业发展规划进行规范和指导是当务之急。例如，国家机动车污染物排放标准不断升级和显著变化，许多发动机因不符合排放标准而失去了再制造的机会，从而失去了这部分市场。这对再制造业的发展是非常不利的。

二是缺乏市场准入机制和评价机制，市场相对混乱。我们没有从以前的文献中找到类似的论据。不合格的翻修产品冒充纯正新件进入售后服务市场，不仅影响了正规再制造产品的销售，还使真正的再制造企业在回收旧件方面没有竞争优势，难以回收利用。

三是再制造标准不健全。文献中提到内部缺乏资源、知识或能力。有些企业简单认为制造的相关标准就是再制造产品标准和生产标准，没有充分认识到再制造对象和过程

⊖ Design for X，面向产品生命周期的设计，X 是指产品生命周期中的任一环节。

的复杂性。由于缺乏国家标准和规范，大部分企业在旧件检测、再制造毛坯修复等关键环节没有建立相应的质量控制体系，再制造产品质量缺乏科学保障。

2. 存在政策障碍，政府支持不足

通过对这些企业的调查和分析，我们认为，汽车零部件再制造企业面临的最大障碍是政策的不完善和频繁变化。政策的频繁变化对再制造企业的发展产生了很大的影响。由于再制造业仍处于探索阶段，许多企业也处于观望状态，因此企业投资不多，发展规模不大。根据分析，几乎没有证据表明相关企业可以获得财务和环境效益，因此很难获得循环商业模式的资金。我们还讨论了相关政策的缺失严重制约再制造业发展的问题。

一是国家政策限制造成旧件来源难。由于国务院第 307 号令《报废汽车回收管理办法》规定，拆解的发动机、变速器、前后桥和车架等"五大总成"应当作为"废金属"进行回炉再循环，试点企业无法从报废汽车上回收废旧零部件进行再制造，造成了旧件回收难度大，客观上限制了再制造产业的规模化发展。

二是税收政策造成企业增值税抵扣难。我国旧件市场的现状是，再制造企业从客户手中收购的旧件基本上无法取得增值进项税发票，因而无法抵扣，相对税率较高。虽然再制造产品的社会效益远优于翻新轮胎，但尚不适用翻新轮胎的相关优惠政策，造成经济效益差，企业积极性不高。

三是相关扶持力度不足导致企业经营难。从理论上看，再制造是一项既具有经济性又具环保效益的产业。从国外实践看，再制造形成规模后，企业效益普遍很好，但从试点情况看，仍有一定数量的企业面临经营困难。除了前期更新设备投入大和市场培育需要大量投入外，国家政策支持力度不足也是一个重要原因。目前，国家还未出台对再制造企业的税费减免优惠，而是执行与制造业相同的税率，在财政投入、信贷政策等方面也没有相应扶持政策。

现在国家大力支持电动汽车的发展，这也对内燃机行业产生了冲击。由于国家对电动汽车进行政策补贴，像公交客运等大客户开始转向电动汽车，逐渐淘汰内燃机汽车，不再参与再制造的循环过程，从而使循环制造失去了很多市场。

3. 消费观念落后，产品和技术受阻

一是之前的大部分研究都集中在员工层面存在的障碍，并提到在价值链中缺乏知识或能力。然而，消费者的消费观念也严重影响着市场拓展。这与欧美国家截然不同，欧美国家的大部分客户比较熟悉再制造概念，也习惯"以旧换再"的消费模式。让消费者认可再制造产品的质量并参与到再制造的循环过程仍需要很大的努力，还有很长的路要走。应该为消费者透明地展示再制造产品的可持续性信息，以促进他们的购买决策。

二是回收的旧件质量差。正如许多文献所指出的那样，企业对退货的质量控制和流程的一致性让人们存在担忧。从社会零散客户那里回收得到的旧件，有些已处于报废边缘，失去了大部分利用价值。就国内客户而言，现状是，购买了国外机器的，基本上严格按照使用说明上进行保养和常规操作；购买国内机器的，不是所有客户都进行定期保养，而且还存在超载等违规使用行为。这就使得国外的再制造进展得十分顺利，而且再制造成本也小，而国内产品返厂后，只有少数零部件能继续使用，使得再制造成本增高，产品价格偏贵，利润却很少，企业和客户都不愿参与到再制造行业中。

三是产品和技术存在障碍。当企业转向循环商业模式时，会出现大量独家产品设计要求。同时，国内制造商繁多，竞争激烈，使得产品零部件的成本很低，造成产品的附加值更低，很难实现更低成本的修复，低附加值使得产品自身失去了再制造的价值。随着《轻型汽车污染物排放限值及测量方法（中国第六阶段）》（"国六"）的实施，国家开始重视高附加值产品，这也为再制造行业带来了好消息。

目前再制造企业只服务于自己的母企业，这与最初的再制造行业设想不符，各个企业都进行投资发展各自的再制造不利于再制造的创新与发展。当然，这主要受制于各企业的产品拥有自己的产品标准和技术专利，这使得再制造企业无法服务多家企业。

8.3.4 发展方向和未来机遇

本部分研究从价值网络和客户价值主张与交互两个维度为企业提供方向和未来机遇。

在价值网络发展的方向和机遇方面：

（1）企业应当朝着更高层次的循环性方向设计循环经营模式和战略，如采用更高层次的 EE 驱动技术和实践、更环保的材料使用驱动实践等。

（2）有些企业没有充分认识到再制造对象和过程的复杂性，需要对 DfX 实践提出更高的要求，才能将其集成到商业模式中。例如，确保有效的"拆卸再利用"。此外，制造业的相关标准是再制造产品标准，需要制定生产标准。

（3）建立市场准入许可机制和评价机制，使市场更规范。

在客户价值主张和交互的发展方向和机会方面：

（1）采用更高水平的客户参与循环计划。需要对消费者就消费意识特别是"以旧换再"消费模式进行教育和提高，要让客户积极参与再制造活动的再生过程。

（2）通过"互联网+"库存管理系统的整合，吸引更多用户，提供更高附加值的产品。

（3）通过各种渠道与客户沟通循环。需要进一步加强"自下而上"的努力，鼓励民间社会团体参与环境问题的讨论和决策，促进环境信息的公开性和透明度。有必要让客户认可再制造产品的质量，并且减少再制造产品的环境和社会影响。通过"互联网+再制造"行动计划、新媒体平台和其他综合信息管理系统，将用户扩展为客户。

此外，政策制定者应该关注使用法规和激励措施来建立一个有效的治理体系，以克服障碍，让企业在价值网络和客户价值主张与交互两个方面改进其循环商业模式。首先，从再制造设计和零件拆卸以及旧组件的回收来源的角度充分考虑标准；其次，从再制造企业减免税费的角度给予更大的支持，实施与制造业不同的税率，并在财务投入、信贷政策等方面考虑相应的支持政策；最后，从相关政策、法律法规等方面给予支持。

8.3.5 小结

本研究探讨了我国汽车零部件再制造业的循环商业模式，并阐述了企业如何采用新的模式，以及如何改进以获得更好的商业模式。其商业模式是遵循原材料回收、旧件管理、生产技术与工艺和市场营销管理的原则建立的。本研究从汽车零部件再制造产业发展设计、政策障碍和政府支持不足、消费者意识和相关产品质量技术等方面，总结了目前汽车零部件再制造中存在的障碍。

在理论贡献方面，本研究首先提出了一个理论研究方案，并针对再制造商业模式制定了一套相关的策略和战术措施，同时考虑了价值网络和客户价值主张与交互的作用。

对于战略管理，本研究结果表明，他们需要通过应用15个策略和战术，在价值网络和客户价值主张与交互方面遵循不同的循环水平。本研究为越来越多的企业提供了发展方向，这些企业开始将环境可持续性作为其战略的一部分，并已开始或计划推动循环经济商业模式。

可持续消费促进机制及循环经济

从对决策者的影响来看，本研究认为，公共政策应全面考虑再制造业的发展，将地方政府和企业的发展规划联系起来，避免可能出现的矛盾和冲突，如持续政策、税收或补贴政策以及回收旧组件的相关流程和机制的一致性。此外，需要建立市场准入许可机制和评估机制及再制造标准，以规范市场。

在再制造行业的系统设计和生产过程中，除了产品的质量和相关技术问题外，还应加强价值链的知识或能力，为消费者透明地展示再制造产品的可持续性信息，以影响他们的购买决策。

第 9 章
循环经济实践之"从摇篮到摇篮"实践

9.1 "从摇篮到摇篮"的发展历程及内涵

9.1.1 "从摇篮到摇篮"的理念形成

世界各国工业生产一直所沿袭"从摇篮到坟墓"（Cradle to Grave）的产品生命周期模式，即"资源开采→加工制造→产品消费→废旧产品抛弃"的模式。此模式将工业生产和环境保护视为互为矛盾且无法协调的两方面：当把工业生产视为首要问题时势必对自然环境产生不利影响，而当把环境保护作为首要问题时又会减缓工业生产的发展速度。在此背景下，"从摇篮到摇篮"（Cradle to Cradle，C2C）的理念孕育而生并克服了"从摇篮到坟墓"工业生产模式的弊病，成为兼顾工业生产和环境保护且实现两者可持续发展的新"工业革命"。

"从摇篮到摇篮"的理念是由美国著名建筑师威廉·麦克唐纳（William McDonough）和德国环境学家迈克尔·布朗嘉特（Michael Braungart）于 2002 年在其共同著作《从摇篮到摇篮》(*Cradle to Cradle: Remaking the Way We Make Things*) 一书中正式提出的。

在"从摇篮到摇篮"的理念正式提出之前，麦克唐纳和布朗嘉特认为可持续发展理念是未来工业生产所遵循的基本原则并坚持将其应用于工业设计实践领域。基于此，1991 年，他们联合提出了 2010 年世博会可持续设计原则，即"汉诺威原则"（The Hannover Principles），以"消除废物"为核心并强调"消除废物"不是减少或避免废物的产生，而是通过设计彻底消除废物。1995 年，他们又联合成立了 MBDC（McDonough Braungart Design Chemistry）公司，在批判"从摇篮到坟墓"的基础上倡导可持续的发展模式，从而最终催生出"从摇篮到摇篮"的可持续发展理念。

9.1.2 "从摇篮到摇篮"的内涵

在"从摇篮到摇篮"的模式中,工业产品需采用可生物降解的"生物养分"(Biological Nutrient)材料或可循环利用的"工艺养分"(Technical Nutrient)材料:

(1)对于生物养分制成,其生命周期结束后可在自然环境中降解为有机物返回至"生物圈"并为生物提供食物。

(2)对于工艺养分制成品,其生命周期结束后可在工业生产中转化为其他人工合成材料,返回至"工艺圈",并作为同一产品原材料加以连续循环利用。

对于循环模式,"从摇篮到摇篮"强调工业必须既要保护自然生态系统的生物代谢,又要保持工业生产过程的物质代谢,因此其鼓励生物养分和工艺养分材料遵循自身循环代谢流的"升级循环"(Up Cycling)模式,即生物养分应保持在自然环境的闭合循环中,技术养分则应保持在工业生产的闭合循环中,其均可连续循环使用而不失去品质,并非"降级循环"(Down Cycling)为低品质的材料而最终变成废弃物。

"从摇篮到摇篮"的理念来自自然生态系统的循环模式,形成了三项设计原则:

其一,"一切物质都是其他东西的资源",即此系统的"废弃物"是另一系统的"食物"(Waste Equals Food,废弃物等同于食物),产品设计应遵循自然代谢系统中生物流和工艺流的循环规律,以确保其废弃物拆解为生物养分和工艺养分后能分别返回生物流循环和工艺流循环系统而作为原材料加以重新利用。

其二,使用清洁和可再生能源,城市、社区或建筑的设计应以多种形式利用太阳能、风能、地热能以及其他清洁和可再生能源,以塑造健康的人类聚居环境。

其三,鼓励多样性,设计中应尊重、保持并融入当地地质、水文、生物记忆及文化多样性,从而提高人类聚居环境的包容性。

9.1.3 循环经济商业模式的转变

企业要想进行"从摇篮到摇篮"的改造,需对其商业模式进行重构。首先,公司应明确需要减少对环境影响的目的不应仅仅是减少其对环境的影响,如"零排放",而应是制定积极的目标,并朝着积极的、提高生态效率的目标前进。其次,企业需要制定新的议程,以实现积极的经济、社会和环境影响。这需要在整个价值链的管理和与业务伙伴的关系中有新的思维方式。最后,企业需提高透明度,这可以鼓励价值链末端的客户购买高质量的产品,从而促进企业向完全范式转变的发展。

"从摇篮到摇篮"商业模式的实施需要在三个层次上进行,如图 9-1 所示。

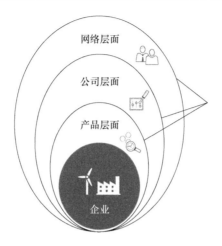

图 9-1 "从摇篮到摇篮"商业模式的实施层次

产品层面:这一阶段需要重新思考现有产品,并质疑现状。产品可以进行优化或重新设计,而不是追求高生产效率和低质量。为了促进变革,需要在产品层面上进行创新。

公司层面:积极进取的员工是推动进步的最重要动力。由于业务转型会影响公司内部的许多流程,因此总体战略需要由支持"摇篮到摇篮"的员工来执行。

网络层面:供应链上的利益相关者必须参与转型过程。为了实施循环过程,必须定义输入材料并建立潜在回收系统。

9.2 C2C 记分卡

向循环经济的过渡已经开始。与循环经济相关的一个思想流派开发了一种"从摇篮到摇篮"的认证计划(记分卡),该认证计划已被 400 多家公司采用。"从摇篮到摇篮"的做法有助于企业在三个主要领域保持可接受的发展路径:消除浪费;使用可再生能源;鼓励多样性 C2C 记分卡作为一种可测量的产品级 CE 形式,提供了一份详细的管理实践清单,以便在更高水平的循环中实现可持续发展。C2C 记分卡在五个类别下对产品进行评估——材料健康,材料再利用,可再生能源,水资源管理和社会公平。

可持续消费促进机制及循环经济

在循环经济相关文献中，材料健康方面的议题以逐步淘汰有毒物质或减少废物量和毒性的形式得到了广泛的讨论，建议使用替代材料来处理有毒和污染的物质，产品的材料健康非常重要。

材料再利用作为最突出的实践之一，主要从强调材料回收和再循环活动方面在循环经济文献中进行讨论。由于循环经济的核心理念是将经济增长与资源约束脱钩，因此循环利用被认为是从业者和学者的解决方案。正如Ünal等人所强调的那样，关注使用环保材料（即天然、可回收、耐用且易于分离的材料）的管理实践被认为是循环商业模式的主要组成部分。

可再生能源被认为是循环经济不可回避的，因为它有助于再生生态系统的健康。在先进技术的支持下，人们已经采用了许多形式的可再生能源，如水电、风能、太阳能、生物质能和地热能，使企业能够变得更加碳中和。

水资源管理是循环经济研究的重要组成部分，许多学者研究了减少废水排放、水处理与消费，以实现循环经济。水被视为一种宝贵的资源，应鼓励各企业减少水的使用，并提高废水的质量，以便再次被使用。

社会公平也是循环经济的核心要素之一，因为它所呼吁的再生理念不仅受到自然资源和环境的限制，而且还需要改善社会环境。此外，作为系统理论的一部分，循环经济的理论基础是通过整体改进方法将个体视为自然的一个组成部分，学者们已经认识到，维持人类、自然和商业的福利是循环经济的一个特征。

C2C记分卡将产品分为五个级别评级：①基础，②青铜，③白银，④黄金，⑤白金。所有这些类别的评级都与不同实践的评估相关联。相关情况见本章附录。C2C产品记分卡示例见表9-1。

表9-1 C2C产品记分卡示例

因子	C2C记分卡				
	基础	青铜	白银	黄金	白金
材料健康		√			
材料再利用			√		
可再生能源				√	
水资源管理			√		
社会公平			√		

表9-2列出了每个C2C实践的操作说明。

表 9-2 MBDC[⊖] 采用的 C2C 实践总结

因子	采用的 C2C 实践总结
材料健康	其目的是只使用优化的材料，避免使用 ABC-X 和灰色类别评估材料/化学品。（ABC-X 评估是一种化学危害分析方法，其中 A 是一个概念，B 是可以使用，C 是中等问题，X 是严重问题，不能使用）灰色类别是指由于缺乏信息，无法对材料进行评估。还有一份禁止使用的材料清单（如砷、镉等）不能用于 C2C 产品
材料再利用	材料再利用是 C2C 实施的核心要素之一。在这方面，两个物质循环被描述为（i）生物营养素和（ii）技术营养素。材料永远包含在这些循环中。根据定量指标，基于产品中不同材料的含量对产品进行评分,目的是在生物和技术循环中永久使用材料
可再生能源	C2C 设计鼓励制造商对地球产生积极影响，并将碳保持在地球植被中。此类别的目标是制定一项定量措施，以评估生产和用于产品制造的可再生能源的数量
水资源管理	此类别的目标是提供定性和定量的措施，以评估制造商对用水和废水排放责任的理解，并评估用水量和废水量。C2C 设计要求将水视为稀缺且宝贵的资源，目标是让离开制造厂的所有水达到饮用水质量标准
社会公平	通过此类别中制定的定性措施，旨在保护所有利益相关者（员工、客户、社区成员和环境）的利益，以维持业务运营。这些标准适用于生产最终产品的工厂

尽管受到业界的高度欢迎，但 C2C 在相关文献中还是受到了批评，主要是关于技术合理性、潜在的反弹效应、完全达到 C2C 预期目标的可能性。

9.3 企业运营战略——循环经济实施视角

运营战略旨在表明对"组织如何开发和整合资源和能力以实现长期竞争目标"的理解。在这方面，战略文献提出了竞争能力的数量，以保持竞争力并响应客户和环境的需求。

竞争能力被研究为制造战略最重要的要素之一，可以看到不同的作者将竞争能力称为绩效目标、竞争优先级和战略维度。能力由帮助公司实现长期竞争目标的某些管理实践组成。因此，这些管理实践通过公司的价值网络来使用，以向客户提供最终产品。之前的制造战略研究表明，有四种被广泛接受的竞争能力：成本、交付、质量和灵活性。

⊖ McDonough Braungart Design Chemistry。

可持续消费促进机制及循环经济

一些学者还认为创新是一种新的竞争能力。基于这些能力,许多学者试图根据公司对特定维度的重视来对其进行聚类,并试图用行业成员和制造业绩等背景变量来解释这些战略要素群体。最近将竞争能力概念应用于可持续发展的尝试表明,由于可持续发展与制造战略相结合,可持续发展与制造业竞争能力之间存在着密切联系。

此外,在运营管理研究中,可持续发展已成为新的竞争能力。根据 de Burgos Jiménez 和 Céspedes Lorente 的说法,由于公司努力实现可持续发展,因此需要重新定义运营职能。他们建议将可持续性作为运营绩效的一个新维度。然而,目前关于可持续性与竞争能力概念整合的研究侧重于有限的可持续性维度,如环境和社会,并且仍然过于笼统。

因此,作为一个多方面的环境管理概念,C2C(作为循环经济实施的替代)满足 de Burgos Jiménez 和 Céspedes Lorente 设定的两个标准,可以被视为一种竞争能力。第一、C2C 实践作为核心业务战略在制造业内广泛的运作;第二,公司利用 C2C 实践作为环境管理系统范围的竞争优势。

根据公司如何提高这些竞争能力,运营战略文献中提出了几种战略模型,其中最突出和最公认的是权衡模型,即采用此制造战略的公司将这些能力相互权衡,并在一项竞争能力上表现出色。Porter 强调,权衡对战略至关重要,并通过决策而被公司固有地应用。换言之,一种能力的优先级是以牺牲其他能力为代价的,这样其他竞争能力就不会被完全忽视。另外,一些学者建议,通过引入累积模型,公司可以同时获得上述竞争能力中的至少 4~5 个,而不是权衡这些能力。之所以这样命名,是因为该模型的支持者认为一种能力可以增强另一种能力,并且预计会带来持久的改善。Singh 等人建议将阈值模型作为这两种模型的替代方案,遵循阈值模型的公司在一种能力上表现出色,在其余能力上保持竞争水平。他们建议,通过遵循这一策略,公司可以在一个维度上成为赢家,在其他维度上成为及格者。

此外,平均模型建议将所有能力处理到充分和令人满意的水平。一般来说,所有能力都处于平均水平,或者一种能力较低、另外四种能力处于平均水平。由于成本高昂的流程、偶然因素或背景因素,尽管公司付出了努力,但结果可能是只能获得多种能力的平均值。非竞争模型作为一种比平均模型更极端的情况被提出,在这种情况下,由于平均模型中的相同原因,公司的大部分能力低于平均水平。作为另一种选择,多重模型表明,公司没有明确和一致地强调某些能力,并且存在一定程度的随机性。大多数处于转型阶段的公司都采用这种策略来降低风险并变得更加灵活。

9.4 制造企业循环经济实施策略分类研究

考虑到循环经济实施的复杂性,需要在组织和运营层面进行根本性的变革,这些变革应当通过分配稀缺的组织资源来进行管理,为循环经济实施具有战略视角有重要意义。因此,作者通过在上述战略模型中应用五项循环经济竞争能力,并在循环经济背景下扩展了 Slack 和 Lewis 的运营战略框架,如图 9-2 所示。

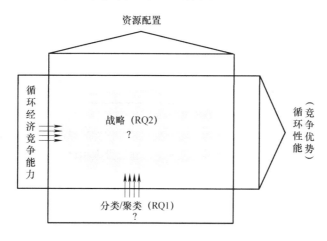

图 9-2　循环经济实施的理论框架

RQ1:在产品层面实施五项循环经济竞争能力的基础上,可以创建哪些战略组(集群)?

RQ2:五项循环经济竞争力的每个集群的战略是什么?

9.4.1 研究方法

9.4.1.1 样品详情：C2C 产品计分卡

本研究使用了从"摇篮到摇篮"产品创新研究所(Cradle to Cradle Products Innovation Insitute,C2CPII)数据库中手工收集的数据集。它包括来自 10 个不同行业的 187 家公司的 391 种 C2C 认证产品(五类详细分数)的数据。数据的行业分布如表 9-3 所示。

表 9-3 产品数据的行业分布

行业	产品数量
汽车和轮胎	1
婴儿用品	1
建筑供应和材料	155
时尚和纺织品	19
健康与美容	5
家庭和办公用品	39
室内设计与家具	129
产品设计师的材料	23
包装和纸张	18
玩具	1
合计	391

所有产品均采用相同版本的 C2C（3.1 版）。我们对数据进行了清理，并通过作者随机交叉检查记分卡进行了验证。值得注意的是，建筑供应和材料、室内设计与家具这两个行业构成了大部分样本。

9.4.1.2 K 均值聚类法

聚类技术是信息检索、医疗信息学、银行学和生物信息学等领域中数据挖掘的主要技术之一。Brusco 等人通过分析 1994—2015 年发表的 97 篇聚类论文，强调了聚类是运营管理中的一种突出方法，特别是在分类学研究中。在基于最小化目标函数的聚类公式中，K 均值聚类法是最广泛使用和研究的方法之一。

K 均值聚类法旨在确定对应于 d 维空间 Rd 中的一组 k 个点的中心，k 代表簇数，d 表示变量的数量，方法的核心思想是最小化每个数据点到其簇中心的欧几里得距离（Euclidian distance）。

本研究采用了几篇论文中使用的 K 均值技术。通常，K 均值聚类并不是验证一定数量数据聚类的唯一方法。因此，我们使用 Miller 和 Roth 所使用的统计技术，后来在 Frohlich 和 Dixon 的方法进行了扩展。该方法主要依靠非层次算法（K 均值聚类法或迭代法）进行聚类分析，并以层次算法进行补充。在实践中，两步聚类首先涉及分层方法以确定聚类的数量，然后将聚类形心输入后续的非分层算法中，从而对数据进行实际分类。由于它在文献中的突出地位,我们还使用 Ward 的分区和欧几里得距离的平方值进行分层聚类分析。使用 Ward 方法进行分区具有以下优点:鲁棒性、最大化簇内同质性、最小化簇间异质性以及恢复已知簇结构的能力。此外,平方欧几里得距离的平方值测度与 Ward 方法兼容,因为它能产生具有最小平方和误差的聚类。

集群的数量在很大程度上取决于研究者的选择。我们应用了几种方法来确定适合我们解决方案的集群数。一条经验法则认为,"数据点总数/20"或"数据点总数/30"。但是,与战略管理领域的文献相比,我们有一个比以往更大的样本(包括 391 个数据点)。例如,Miller 和 Roth 有 164 个数据点和三个簇解决方案。因此,拥有 13~20 个集群并不能为我们的研究增加任何解释价值。我们通过考虑解决方案的内部一致性,采用三个标准来分配最终的聚类数。根据 Ketchen 和 Shake 的建议,采用多层次方法确定了样本中最合适的簇数。首先,检查使用 Ward 的联系生成的层次聚类的树状图,以确认相关的主要群体的数量。其次,使用 Duda / Hart 和 Calinski / Harabasz 测试检查了聚集系数的增量变化。必须注意的是,层次聚类分析通过逐个添加单个元素(称为聚集的过程)来形成决策树。因此,聚集系数相对较大的变化意味着聚类均匀性的显著增加。聚集系数相对较大的增加意味着不同的集群在该步骤中被聚集在一起,这意味着在聚拢之前的集群数量是最合适的选择。最后,通过运行方差分析和 Scheffe 配对比较测试来寻求集群的管理可解释性。图 9-3 展示了 K 均值聚类方法的逻辑。

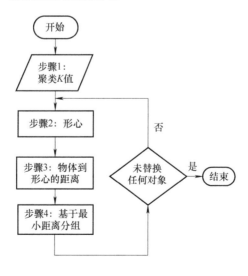

图 9-3　Vora 和 Oza 采用的 K 均值聚类法

9.4.2 研究结果

正如许多学者所指出的，循环经济实践主要关注产品。因此，本研究的关键分析单元被确定为构成循环经济竞争能力的产品（见本章附录中的 C2C 产品记分卡）。管理实践（组织的质量水平）将详细反映到 C2C 产品记分卡中。我们还考虑到公司可能会根据产品和不同产品可能需要不同的制造工厂的假设、环境和策略以及商业模式来制定战略。

因此，由于我们从 C2C 产品计分卡中获得的值是分类变量，我们首先对这些数据进行了转换。正如 Ralambonddruny 所建议的，为了使用 K 均值对分类数据进行聚类，我们将基本类、青铜类、白银类、黄金类和铂金类分别转换为 1、2、3、4 和 5。虽然这些分数本质上不是数字分数，但它们确实确定了等级水平。这有助于我们理解详细数据集中的不同聚类，其中包含所有循环经济竞争能力的个别得分。

三个集群的解决方案最符合要求。我们还运行了四个和五个集群的备选解决方案，并研究了集群的解释，以确定我们的解决方案是否足够强大。检查结果鲁棒性的另一种方法是运行方差分析和 Scheffe 检验来确定簇内差异。

第一，采用方差分析方法对集群中变量（五种循环经济竞争能力，MH、MR、RE、WS、SF）的差异进行检验。第二，进行 Scheffe 测试，对每一个变量的配对平均值进行比较，从而识别出显著不同的配对。我们发现，三个集群模型最符合我们上面的标准。三个集群相等的无效假设在很大程度上被拒绝了。

我们就三集群解决方案达成了一致，并运行迭代 K 均值聚类，其结果如表 9-4 所示。基于循环程度，既各集群在循环竞争力方面的表现，我们从理论上将集群的名称解释为：建立（集群1）、发展（集群2）和成熟（集群3）。这些聚类分别由 131、181 和 79 个产品组成，如表 9-4 所示。表 9-4 显示了组号、集群平均值、标准误差（SE）以及每组内四种循环经济竞争能力的相对排名。F 统计数据提供了所有聚类均值在五个变量上彼此不同的有力证据。然而，研究发现，正如 Scheffe 配对比较的结果所表明的那样，这五个变量之间存在显著差异。

第9章 循环经济实践之"从摇篮到摇篮"实践

表 9-4　K 均值聚类分析的结果

因子	建立 n = 131 集群 1	发展 n = 181 集群 2	成熟 n = 79 集群 3	F = 值 （p= 可能性）
物质健康（MH）				
集群平均值	2.24（2,3）	2.87（1,3）	4.72（1,2）	F = 489.07*
SE	0.69	0.49	0.47	（p < 0.0001）
秩	4	5	1	
材料再利用（MR）				
集群平均值	3.22（2,3）	3.58（1,3）	4（1,2）	F = 54.68*
SE	0.63	0.51	0.22	（p < 0.0001）
秩	1	2	3	
可再生能源（RE）				
集群平均值	2.29（2,3）	3.54（1,3）	3.83（1,2）	F = 232.22*
SE	0.61	0.58	0.56	（p < 0.0001）
秩	3	3	5	
水资源管理（WS）				
集群平均值	2.09（2,3）	3.65（1,3）	4.15（1,2）	F = 352.43*
SE	0.38	0.81	0.36	（p < 0.0001）
秩	5	1	2	
社会公平（SF）				
集群平均值	2.72（2,3）	3.42（1,3）	3.91（1,2）	F = 90.14*
SE	0.87	0.53	0.36	（p < 0.0001）
秩	2	4	4	

注：SE 为标准误差

*重要的是 0.01 级。括号中的数字表示基于 Scheffe 成对比较，该聚类在 0.05 显著性水平上有显著差异。

根据每个集群中每个实践的平均值，可以清楚地观察到公司在某些实践中的重点。在"建立"集群中的公司将水资源管理（WS）的次序置于最后（2.09），而"成熟"集群中的公司则将其置于最高级别（4.15）。同时，"发展"集群中的公司对物质健康（MH）的重视程度最低（2.87），而"成熟"集群中的公司对物质健康的重视程度最高（4.72）。随着循环程度的提高，MR、RE 和 SF 被认为是具有挑战性的维度，因为建筑行业中只有

可持续消费促进机制及循环经济

一家公司的两种产品能够在 391 种产品中达到铂金（5）水平。参考本章附录中，MR 6 和 MR 7 实践、RE0、RE6、RE7 实践以及 SF6 和 SF7 实践被认为非常严格。对于 MR 而言，这意味着该产品可以完全参与技术或生物循环；而对于 RE，要求是使用 100% 可再生能源进行生产以及从"摇篮到门"恢复所包含的能量；SF 方面，要求公司参与国际公认的社会责任计划，并由授权的第三方进行审计。

群集解释如下：

建立集群：只有在一个维度（MR）上表现优异，并且在其他四个维度（MH，RE，WS，SF）上的成就水平较低，拥有此类产品的公司追求"权衡模型"，以保持竞争力。公司主要为回收活动分配资源，并在其产品中使用回收成分。我们也将"建立集群"称为回收者，因为从"建立集群"（已经具有中等水平）到"成熟集群"，得分仅增加了 16%，远远低于其他维度从"建立"到"成熟"的增长率。

"建立集群"具有最低的循环程度。如 Kirchherr 等人指出，通过对 CE 的 114 个定义的分析，回收是最常见的（79%）组成部分。因此，公司在开始时对循环经济的认知有限，只能通过强调反映 MR 优先级的回收活动来实现。另外，由于所有处于这种循环程度的公司都以某种方式强调循环经济，因此有意识地选择它来获得竞争优势。此外，市场条件、政策法规和原材料价格冲击等背景和偶然因素可能会影响公司的决策。回收与社会公平之间的权衡也揭示了一些与 Galeazzo 和 Klassen 的研究相似之处——环境可持续性比制造企业的社会可持续性更重要。

发展集群：这个集群中的公司追求的是"累积模型"，所有维度都是同时实现的，但相对而言，MH 较落后。在这个模型中，通常所有的能力都是同时改进的，或者四项能力相等，一项能力稍低。因此，我们将这个集群解释为全方位的循环，因为它们在所有实践中都具有高于平均水平。C2C 认证计划最初通过强制要求最低分数来确定整体认证水平，从而促使公司建立累积模型。但是，它仅在此群集中观察到。遵循累积模型的公司被认为在所有实践中具有平均水平，符合要求。

成熟集群：这是最高程度的循环，这类公司相对擅长一种维度的实践，即物质健康，符合"阈值模型"。因此，我们也将这个群体命名为"有毒物质斗士"，因为物质健康将这一群体与 MH 相对较少强调的"建立集群"和"发展集群"区分开来。阈值模型可以说是权衡模型和累积模型的结合，公司掌握了一项能力，而且拥有健康水平的其他能力。此外，被称为制度赢家的公司也采用了这种策略。MH 只在最高程度的循环中被强调，而在"建立集群"和"发展集群"中，它是最不被强调的实践之一。此外，在"成熟集群"中建立阈值模型的原因可能是MR、RE和SF实践被发现极具挑战性,因为实验数据中只有一家公司的两种产品达到了100%。

关于集群的行业分布,我们观察到建筑供应和材料行业拥有较多的"发展集群"成员,而家庭和办公用品行业拥有较多的"成熟集群"成员。此外,室内设计与家具行业主要集中在"建立集群"和"发展集群"。详细分析见表9-5。

表9-5 行业成员资格

行业	建立	发展	成熟	合计
A 汽车和轮胎	1 (0.00)%	0 (0.00%)	0 (0.00)%	1 (100.00)%
B 建筑供应和材料	50 (32.26%)	80* (51.61%)	25 (16.13%)	155 (100.00)%
BB 婴儿用品	0 (0.00%)	1 (100.00%)	0 (0.00%)	1 (100.00)%
F 时尚和纺织品	5 (26.32%)	8 (42.11%)	6 (31.58%)	19 (100.00)%
H 家庭和办公用品	6 (15.38%)	11 (28.21%)	22 (56.41%)	39 (100.00)%
H&B 健康与美容	0 (0.00%)	2 (40.00%)	3 (60.00%)	5 (100.00)%
I 室内设计与家具	54 (41.86%)	61 (47.29%)	14 (10.85%)	129 (100.00)%
M 产品设计师的材料	6 (26.09%)	10 (43.48%)	7 (30.43%)	23 (100.00)%
P 包装和纸张	8 (44.44%)	8 (44.44%)	2 (11.11%)	18 (100.00)%
T 玩具	1 (100.00%)	0 (0.00%)	0 (0.00%)	1 (100.00)%
合计	131 (33.50%)	181 (46.29%)	79 (20.20%)	391 (100.00)%

通过回顾竞争能力战略模型,我们发现,不同的集群,尤其是不同的循环程度,都有不同的循环经济实施战略。"建立集群"采用了权衡模型,其产品仅在MR方面表现出

色，而其他维度的实践即使不被忽视也很低。"发展集群"遵循累积模型，实现了所有维度的同步实践，但MH落后于其他四个维度。"成熟集群"遵循阈值模型，其中，与其他竞争性增强维度相比，只有MH相对先进。此外，随着循环程度的提升，MR、RE和SF被认为是具有挑战性的维度。分析还表明，在从"建立"到"发展"的过程中，WS是一个关键因素，而MH则是从"发展"到"成熟"过程中的关键维度。基于这些结果，循环经济实施的理论分类如图9-4所示。

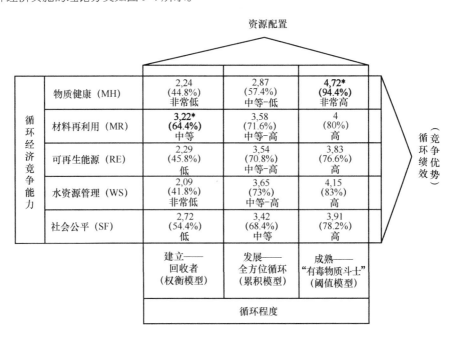

图9-4 循环经济实施的理论分类

循环经济实施的理论分类也说明了资源配置模式。由于企业是由稀缺资源组成的，如何以有意义的方式分配这些资源对企业的竞争目标具有一定的影响。循环经济竞争能力的微观配置——即实施策略——由五种管理实践（MH、MR、RE、WS和SF）构建，主要由成熟度决定。每种竞争能力（可能是成本、交付、质量、灵活性和创新能力的情况）可能有自己的微观配置，它们可以确定公司对不同竞争能力的整体战略。

我们的研究结果与循环经济所有实践同时改进的主流观点相矛盾，C2C也要求，给予所有实践同样的重视。我们发现，公司正在通过区分建立阶段和成熟阶段的资源分配策略，根据其循环程度制定循环经济实施战略。

另一方面，正如 Teece 所指出的那样，"能力和战略相结合，创造和完善了一种指导组织转型的可防御的商业模式"，我们将战略与循环经济能力相结合的研究成果对商业模式设计具有一定的启示。在循环商业模式研究中，我们利用的循环经济竞争能力被视为商业模式价值网络维度的管理实践。由于商业模式和运营的研究流程明显重叠，我们的研究还通过展示循环经济管理实践是如何作为价值创造商业模式的价值网络维度的一部分来指导循环商业模式研究。因此，考虑到 Ünal 等人强调的差距，"需要进一步调查，以了解公司如何实施循环经济实践以实现价值创造和捕获。这要求调查公司将稀缺资源与循环经济管理能力相结合的方式"，本研究提出的循环经济实施策略分类，通过对管理实践和资源的安排，给出了循环经济模型中清晰的价值配置。此外，相关文献表明，每一种新产品都应该有着一种新的商业模式。同样，我们建议循环经济实施策略应针对每一种产品进行专门的调整。

此外，正如 Zott 和 Amit 将商业模式称为"活动系统"，这些活动如何实施和排序构成了商业模式的结构。因此，本研究提出的循环经济实施策略的分类法为循环商业模式的结构提供了一些参考。在循环经济背景下，这些活动的不同配置可用于促进商业模式创新，因为它涉及商业模式主要组成部分的某种程度的变化。因此，向更高的循环度前进的公司应该创新商业模式，面对范式转变（转变为新技术、运营方法或开展业务的逻辑）以创建可行的商业计划，就变得尤为重要。

此外，集群的行业分布表明，家庭和办公用品行业以及健康与美容行业在循环性方面比其他行业更加发达，考虑到产品中使用的物质，这可能源于行业的性质及其产品对人类健康的直接影响。建筑供应和材料行业在发展集群中的定位表明，通过将所有循环经济竞争能力都置于正常水平，证明该行业正处于过渡阶段。室内设计与家具行业以及包装和纸张行业主要处于建立和发展阶段，因为它们优先考虑回收或妥善处理所有实践。对于我们样本中产品相对较少（$n<5$）的行业，如汽车和轮胎、婴儿用品和玩具，我们不做出假设，因为它们在统计上可能不可归纳。

通过对企业经营战略模型的分析，我们证明了战略模型对循环经济竞争能力的适用性。根据 Miller 和 Roth 的建议，在不同环境中采用运营战略模型，建议采用新的分类法，以符合竞争能力和运营战略的动态性质。我们研究的综合情况如表 9-6 所示。

表 9-6 研究结果

建立	发展	成熟
• 回收者	• 全方位循环	• "有毒物质斗士"
• 权衡模型（以牺牲其他能力为代价优先考虑一种能力）	• 累积模型（同时实现所有能力）	• 阈值模型（一项能力卓越，而其他能力则是高水平的）
• 保持竞争力	• 制度符合者	• 制度赢家
• 专注于回收活动	• 所有类别的成就中等	• 物质健康处于优质水平，而其他维度高于平均水平
• 低水平水资源管理	• 过渡阶段	

循环经济竞争能力

- 成熟度决定战略
- 相互依存的管理实践体系
- 循环经济竞争能力的微观配置为资源配置模式提供了依据
- 这些功能的安排将预示循环商业模式设计中的价值配置

附录9-1 "从摇篮到摇篮"认证产品标准3.1版

1. 物质健康		(1)基础	(2)青铜	(3)白银	(4)黄金	(5)白金
MH1	没有禁止清单上的化学品含量超过阈值	×	×	×	×	×
MH2	被定义为生物或技术营养的物质	×	×	×	×	×
MH3	100%"特征化"(即列出的所有通用材料)	×	×	×	×	×
MH4	制定战略以优化所有剩余的X-评估[1]化学品		×	×	×	×
MH5	至少75%按重量评估(收集100%直接释放到生物圈中作为其预期用途一部分的生物营养物质的完整配料信息)		×	×	×	×
MH6	至少95%按重量评估(收集100%直接释放到生物圈中作为其预期用途一部分的生物营养物质的完整配料信息)			×	×	×
MH7	评估材料不含可能致癌、致突变或有生殖毒性(CMR)的化学品			×	×	×
MH8	100%按重量评估				×	×
MH9	配料优化(即所有经X-评估化学品被替换或逐步淘汰)				×	×
MH10	在相关的情况下符合"摇篮到摇篮"的VOC[2]排放标准				×	×
MH11	所有工艺化学品均经过评估,且无X-评估化学品					×

可持续消费促进机制及循环经济

（续）

2. 材料再利用		（1）基础	（2）青铜	（3）白银	（4）黄金	（5）白金
MR1	确定产品的适当循环（即技术或生物）	x	x	x	x	x
MR2	为技术或生物循环设计或制造，材料（再）利用率≥35%		x	x	x	x
MR3	为技术或生物循环设计或制造，材料（再）利用率≥50%			x	x	x
MR4	为技术或生物循环设计或制造，材料（再）利用率≥65%				x	x
MR5	明确的养分管理策略（包括范围，时间表和预算），用于开发此类产品或材料的物流和回收系统。				x	x
MR6	为技术或生物循环设计或制造，材料（再）利用率为100%					x
MR7	该产品在技术或生物代谢中被积极地回收和循环					x
3. 可再生能源和碳管理		（1）基础	（2）青铜	（3）白银	（4）黄金	（5）白金
RE1	对与产品最终制造阶段相关的电力消耗和现场直接排放进行量化	x	x	x	x	x
RE2	制定了可再生能源使用和碳管理战略		x	x	x	x
RE3	在产品最终制造阶段，5%的电力消耗由可再生能源项目提供或补偿，5%的直接现场排放被补偿			x	x	x
RE4	在产品最终制造阶段，50%的购买电力由可再生能源项目提供或补偿，50%的现场直接排放被补偿				x	x
RE5	在产品最终制造阶段，100%的电力消耗由可再生能源项目提供或补偿，100%的直接现场排放被补偿					x
RE6	对从"摇篮到门"的产品相关的具体能量进行了表征和量化，并制定了优化策略					x
RE7	从"摇篮到门"的产品相关的≥5%的"摇篮到门"产品的相关能耗被抵消（例如，通过与供应商的项目、产品重新设计、使用阶段的节省等）					x

（续）

	4. 水资源管理	（1）基础	（2）青铜	（3）白银	（4）黄金	（5）白金
WS1	制造商在过去两年内没有严重违反排放许可	x	x	x	x	x
WS2	地方和企业的水相关特定问题（例如，制造商将确定缺水是否是一个问题和/或敏感的生态系统是否由于直接操作而处于危险之中）	x	x	x	x	x
WS3	提供了一份水管理计划声明，说明正在采取什么措施来缓解已确定的问题和影响	x	x	x	x	x
WS4	已完成设施范围内的水审计		x	x	x	x
WS5	对废水中与产品相关的工艺化学品进行表征和评估 或者对至少20%的一级供应商的供应链相关水问题进行了表征，并制定了积极影响策略			x	x	x
WS6	废水中与产品有关的过程化学品被优化 或者针对白银级要求制定的战略取得显著进展				x	x
WS7	离开制造厂的所有水都符合饮用水质量标准					x
	5. 社会公平	（1）基础	（2）青铜	（3）白银	（4）黄金	（5）白金
SF1	进行精简的自我审计，以评估对基本人权的保护	x	x	x	x	x
SF2	已经提供了旨在解决所有已查明问题的管理程序	x	x	x	x	x
SF3	完整的社会合理性自我审计已经完成，并制定了积极的影响战略（基于联合国全球契约工具或B-Corp[③]）		x	x	x	x

可持续消费促进机制及循环经济

（续）

5. 社会公平		（1）基础	（2）青铜	（3）白银	（4）黄金	（5）白金
SF4	与重量至少25%的产品材料相关的材料特定和/或与问题相关的审核或认证已完成（FSC认证、公平贸易等） 或者充分调查了与供应链相关的社会问题，并制定了积极的应对战略 或者正在积极开展一项创新的社会项目，该项目对员工的生活、当地社区、全球社区或产品供应链或回收/再利用的社会方面产生积极影响			×	×	×
SF5	两个白银级要求已完成				×	×
SF6	所有三个白银级要求都已完成					×
SF7	设施级审计由第三方根据国际公认的社会责任计划（如SA8000标准）完成					×

① 即ABC-X评估。

② VOC，挥发性有机物。

③ B-Corp，共益企业，致力于在全球经济的背景下，推动商业成为向善的力量。

参 考 文 献

[1] SCHOR J B. Prices and quantities: Unsustainable consumption and the global economy[J]. Ecological Economics, 2005, 55(3): 309-320.

[2] CAMPBELL C J. Recognising the second half of the oil age[J]. Environmental Innovation and Societal Transitions, 2013, 9: 13-17.

[3] LAROCHE M, BERGERON J, BARBARO‐FORLEO G. Targeting consumers who are willing to pay more for environmentally friendly products[J]. Journal of Consumer Marketing, 2001, 18 (6), 503-520.

[4] AKENJI L. Consumer scapegoatism and limits to green consumerism[J]. Journal of Cleaner Production, 2014, 63: 13-23.

[5] GOODMAN M K. The mirror of consumption: Celebritization, developmental consumption and the shifting cultural politics of fair trade[J]. Geoforum, 2010, 41(1): 104-116.

[6] CLARKE N, BARNETT C, CLOKE P, et al. Globalising the consumer: Doing politics in an ethical register[J]. Political Geography, 2007, 26(3): 231-249.

[7] PATERSON M, STRIPPLE J. My Space: governing individuals' carbon emissions[J]. Environment and Planning D: Society and Space, 2010, 28(2): 341-362.

[8] WIER M, CHRISTOFFERSEN L B, JENSEN T S, et al. Evaluating sustainability of household consumption—using DEA to assess environmental performance[J]. Economic Systems Research, 2005, 17(4): 425-447.

[9] 刘倩. 支撑低碳经济发展的可持续消费: 基于消费行为视角的研究[M]. 北京: 经济科学出版社, 2010.

[10] UNDESA. 改变消费与生产模式的全球工作计划[R]. 1995.

[11] 陈珏. 当前全球可持续发展的趋向: 巴西"里约+5 论坛"述评[J]. 中国人口资源与环境, 1997, 7 (3): 92-93.

[12] FUENTES C. Managing green complexities: consumers' strategies and techniques for greener shopping[J]. International Journal of Consumer Studies, 2014, 38(5): 485-492.

[13] VERGRAGT P J, DENDLER L, DE JONG M, et al. Transitions to sustainable consumption and production in cities[J]. Journal of Cleaner Production, 2016, 134: 1-12.

[14] WATKINS L, AITKEN R, MATHER D. Conscientious consumers: a relationship between moral foundations, political orientation and sustainable consumption[J]. Journal of Cleaner Production, 2016,

134: 137-146.

[15] 杨世迪, 惠宁. 国外生态文明建设研究进展[J]. 生态经济, 2017, 33（5）: 181-185.

[16] 崔风暴. 低碳消费经济学属性及低碳消费政策建设方向[J]. 低碳经济, 2016（8）: 10-15.

[17] 曹东, 赵学涛, 杨威杉. 中国绿色经济发展和机制政策创新研究[J]. 中国人口资源与环境, 2012, 22（5）: 48-54.

[18] SHAO J, TAISCH M, MIER M O. A study on a configuration model for facilitating sustainable consumption: A case involving the automobile industry in Italy[J]. Journal of Cleaner Production, 2016, 137: 507-515.

[19] DAHL A L. Achievements and gaps in indicators for sustainability[J]. Ecological Indicators, 2012, 17: 14-19.

[20] SHAO J, TAISCH M, MIER M O. Influencing factors to facilitate sustainable consumption: from the experts' viewpoints[J]. Journal of Cleaner Production, 2017, 142: 203-216.

[21] BARRETT J, SCOTT K. Link between climate change mitigation and resource efficiency: a UK case study[J]. Global Environmental Change, 2012, 22(1): 299-307.

[22] HINTON E D. Virtual spaces of sustainable consumption: governmentality and third sector advocacy in the UK[D]. London: King's College, 2011.

[23] LOW W, DAVENPORT E. Mainstreaming fair trade: adoption, assimilation, appropriation[J]. Journal of Strategic Marketing, 2006, 14(4): 315-327.

[24] SHOVE E. Converging conventions of comfort, cleanliness and convenience[J]. Journal of Consumer Policy, 2003, 26(4): 395-418.

[25] BARBER J, Ten Steps to the 10YFP A suggested navigation guide [R]. 2011: 13-14.

[26] LUKMAN R K, GLAVIČ P, CARPENTER A, et al. Sustainable consumption and production – Research, experience, and development – The Europe we want[J]. Journal of Cleaner Production, 2016, 138: 139-147.

[27] COLGLAZIER W. Sustainable development agenda: 2030[J]. Science, 2015, 349(6252): 1048-1050.

[28] WACHSMUTH D, COHEN D A, ANGELO H. Expand the frontiers of urban sustainability[J]. Nature, 2016, 536(7617): 391-393.

[29] AJZEN I. The theory of planned behavior[J]. Organizational Behavior and Human Decision Processes, 1991, 50(2): 179-211.

[30] SCHWARTZ S H. Normative influences on altruism[J]. Advances in Experimental Social Psychology, 1977, 10(1): 221-279.

[31] HOPPER J R, NIELSEN J M C. Recycling as altruistic behavior: Normative and behavioral strategies to expand participation in a community recycling program[J]. Environment and Behavior, 1991, 23(2): 195-220.

[32] STERN P C, DIETZ T, ABEL T, et al. A value-belief-norm theory of support for social movements: The

case of environmentalism[J]. Human Ecology Review, 1999: 81-97.

[33] STREN P C. Toward a coherent theory of environmentally significant behaviour[J]. Journal of Social Issues, 2000, 56(3): 407-424.

[34] GATERSLEBEN B, VLEK C. Household consumption, quality of life, and environmental impacts: A psychological perspective and empirical study[J]. Green Households? Domestic Consumers, Environment, and Sustainability, 1998: 141-183.

[35] BALLARD D. Using learning processes to promote change for sustainable development[J]. Action Research, 2005, 3(2): 135-156.

[36] AKENJI L, BENGTSSON M. Is the customer really king? Stakeholder analysis for sustainable consumption and production using the example of the packaging value chain[J]. Sustainable Consumption and Production in the Asia-Pacific Region: Effective Responses in a Resource Constrained World, 2010, 3: 23-46.

[37] WANG P, LIU Q, QI Y. Factors influencing sustainable consumption behaviors: a survey of the rural residents in China[J]. Journal of Cleaner Production, 2014, 63: 152-165.

[38] GKARGKAVOUZI A, HALKOS G, MATSIORI S. Environmental behavior in a private-sphere context: Integrating theories of planned behavior and value belief norm, self-identity and habit[J]. Resources, Conservation and Recycling, 2019, 148: 145-156.

[39] REZVANI Z, JANSSON J, BENGTSSON M. Consumer motivations for sustainable consumption: The interaction of gain, normative and hedonic motivations on electric vehicle adoption[J]. Business Strategy and the Environment, 2018, 27(8): 1272-1283.

[40] WEI C F, CHIANG C T, KOU T C, et al. Toward sustainable livelihoods: Investigating the drivers of purchase behavior for green products[J]. Business Strategy and the Environment, 2017, 26(5): 626-639.

[41] MAICHUM K, PARICHATNON S, PENG K C. Application of the extended theory of planned behavior model to investigate purchase intention of green products among Thai consumers[J]. Sustainability, 2016, 8(10): 1077.

[42] CASALÓ L V, ESCARIO J J. Heterogeneity in the association between environmental attitudes and pro-environmental behavior: A multilevel regression approach[J]. Journal of Cleaner Production, 2018, 175: 155-163.

[43] BRÉCARD D. Consumer confusion over the profusion of eco-labels: Lessons from a double differentiation model[J]. Resource and Energy Economics, 2014, 37: 64-84.

[44] SAPHORES J D M, OGUNSEITAN O A, SHAPIRO A A. Willingness to engage in a pro-environmental behavior: An analysis of e-waste recycling based on a national survey of US households[J]. Resources, Conservation and Recycling, 2012, 60: 49-63.

[45] BOTETZAGIAS I, DIMA A F, MALESIOS C. Extending the theory of planned behavior in the context of recycling: The role of moral norms and of demographic predictors[J]. Resources, Conservation and

Recycling, 2015, 95: 58-67.

[46] 葛万达, 盛光华. 社会规范对绿色消费的影响及作用机制[J]. 商业研究, 2020, 62 (1): 26-34.

[47] ALI A, XIAOLING G, ALI A, et al. Customer motivations for sustainable consumption: Investigating the drivers of purchase behavior for a green‐luxury car[J]. Business Strategy and the Environment, 2019, 28(5): 833-846.

[48] SINGHAL D, JENA S K, TRIPATHY S. Factors influencing the purchase intention of consumers towards remanufactured products: a systematic review and meta-analysis[J]. International Journal of Production Research, 2019, 57(23): 7289-7299.

[49] TORRES‐RUIZ F J, VEGA‐ZAMORA M, PARRAS‐ROSA M. Sustainable consumption: Proposal of a multistage model to analyse consumer behaviour for organic foods[J]. Business Strategy and the Environment, 2018, 27(4): 588-602.

[50] SHARMA A, FOROPON C. Green product attributes and green purchase behavior[J]. Management Decision, 2019.

[51] 姜天波. 中国可持续消费研究报告[M]. 北京: 经济管理出版社, 2013.

[52] 付春晓. 我国"绿色产品市场柠檬效应"的法律对策研究——以绿色产品环境信息不对称为视角[J]. 金卡工程: 经济与法, 2011, 15 (5): 204.

[53] MEISE J N, RUDOLPH T, KENNING P, et al. Feed them facts: Value perceptions and consumer use of sustainability-related product information[J]. Journal of Retailing and Consumer Services, 2014, 21(4): 510-519.

[54] GRUNERT K G, HIEKE S, WILLS J. Sustainability labels on food products: Consumer motivation, understanding and use[J]. Food Policy, 2014, 44: 177-189.

[55] MARUCHECK A, GREIS N, MENA C, et al. Product safety and security in the global supply chain: Issues, challenges and research opportunities[J]. Journal of Operations Management, 2011, 29(7-8): 707-720.

[56] MATTHES J, WONNEBERGER A, SCHMUCK D. Consumers' green involvement and the persuasive effects of emotional versus functional ads[J]. Journal of Business Research, 2014, 67(9): 1885-1893.

[57] OWUSU V, OWUSU ANIFORI M. Consumer willingness to pay a premium for organic fruit and vegetable in Ghana[J]. International Food and Agribusiness Management Review, 2013, 16(1030-2016-82931): 67-86.

[58] XU P, ZENG Y, FONG Q, et al. Chinese consumers' willingness to pay for green-and eco-labeled seafood[J]. Food Control, 2012, 28(1): 74-82.

[59] LI Y, LU Y, ZHANG X, et al. Propensity of green consumption behaviors in representative cities in China[J]. Journal of Cleaner Production, 2016, 133: 1328-1336.

[60] SOVACOOL B K, HIRSH R F. Beyond batteries: An examination of the benefits and barriers to plug-in hybrid electric vehicles (PHEVs) and a vehicle-to-grid (V2G) transition[J]. Energy Policy, 2009, 37(3):

1095-1103.

[61] REX E, BAUMANN H. Beyond ecolabels: what green marketing can learn from conventional marketing[J]. Journal of Cleaner Production, 2007, 15(6): 567-576.

[62] LEBEL L, LOREK S. Enabling sustainable production-consumption systems[J]. Annual Review of Environment and Resources, 2008, 33: 241-275.

[63] LEIRE C, THIDELL Å. Product-related environmental information to guide consumer purchases – a review and analysis of research on perceptions, understanding and use among Nordic consumers[J]. Journal of Cleaner Production, 2005, 13(10-11): 1061-1070.

[64] GUPTA S, OGDEN D T. To buy or not to buy? A social dilemma perspective on green buying[J]. Journal of Consumer Marketing, 2009.

[65] LANE B, POTTER S. The adoption of cleaner vehicles in the UK: exploring the consumer attitude–action gap[J]. Journal of Cleaner Production, 2007, 15(11-12): 1085-1092.

[66] MOISANDER J. Motivational complexity of green consumerism[J]. International Journal of Consumer Studies, 2007, 31(4): 404-409.

[67] JACOBSEN E, DULSRUD A. Will consumers save the world? The framing of political consumerism [J]. Journal of Agriculture Environment Ethics, 2007, 20: 469-482.

[68] 武春友, 陈兴红, 匡海波. 基于 Rough-DEMATEL 的企业绿色增长模式影响因素识别[J]. 管理评论, 201（8）: 74-81.

[69] 徐国伟. 低碳消费行为研究综述[J]. 北京师范大学学报（社会科学版）, 2010（5）: 135-140.

[70] 刘晶茹, 刘瑞权, 姚亮. 可持续消费的内涵及研究进展——产业生态学视角[J]. 生态学报, 2012, 32（20）: 6553-6557.

[71] WEF. Environment Performance Index[DB/OL]. www.epi.yale.edu.

[72] ATKISSON B A, HATCHER R L. The compass index of sustainability: A five-year review[C]//write for conference" Visualising and Presenting Indicator Systems", Switzerland. 2005.

[73] SINGH R K, MURTY H R, GUPTA S K, et al. Development of composite sustainability performance index for steel industry[J]. Ecological Indicators, 2007, 7(3): 565-588.

[74] JUNG E, KIM J, RHEE S. The measurement of corporate environmental performance and its application to the analysis of efficiency in oil industry [J]. Journal of Cleaner Production, 2001, 9: 551–563.

[75] PRÉ CONSULT. The Eco-indicator 99-A damage oriented method for Life Cycle Impact Assessment Methodology Annex [R]. 2001.

[76] FLEMING J. Ford of Europe's Product Sustainability Index [R].2007.

[77] HICKS C C, LEVINE A, AGRAWAL A, et al. Engage key social concepts for sustainability[J]. Science, 2016, 352(6281): 38-40.

[78] MASSAM B H. Multi-criteria decision making (MCDM) techniques in planning[J]. Progress in Planning, 1988, 30: 1-84.

[79] BARRON F H, BARRETT B E. Decision quality using ranked attribute weights[J]. Management Science, 1996, 42(11): 1515-1523.

[80] AUGER P, DEVINNEY T M, LOUVIERE J J, et al. Do social product features have value to consumers?[J]. International Journal of Research in Marketing, 2008, 25(3): 183-191.

[81] DE PELSMACKER P, DRIESEN L, RAYP G. Do consumers care about ethics? Willingness to pay for fair-trade coffee[J]. Journal of Consumer Affairs, 2005, 39(2): 363-385.

[82] FREESTONE O M, MCGOLDRICK P J. Motivations of the ethical consumer[J]. Journal of Business Ethics, 2008, 79(4): 445-467.

[83] WEBB D J, MOHR L A, HARRIS K E. A re-examination of socially responsible consumption and its measurement[J]. Journal of Business Research, 2008, 61(2): 91-98.

[84] KOUFTEROS X A. Testing a model of pull production: a paradigm for manufacturing research using structural equation modeling[J]. Journal of operations Management, 1999, 17(4): 467-488.

[85] CARR A S, PEARSON J N. Strategically managed buyer–supplier relationships and performance outcomes[J]. Journal of Operations Management, 1999, 17(5): 497-519.

[86] HAIR J F, BLACK W C, BABIN B J, et al. Multivariate data analysis[M]. Upper Saddle River, NJ: Prentice hall, 1998.

[87] WANG Y, HUSCROFT J R, HAZEN B T, et al. Green information, green certification and consumer perceptions of remanufactured automobile parts[J]. Resources, Conservation and Recycling, 2018, 128: 187-196.

[88] MICHAUD C, LLERENA D. Green consumer behaviour: an experimental analysis of willingness to pay for remanufactured products[J]. Business Strategy and the Environment, 2011, 20(6): 408-420.

[89] TSENG M L, TAN R R, SIRIBAN-MANALANG A B. Sustainable consumption and production for Asia: sustainability through green design and practice[J]. Journal of Cleaner Production, 2013, 40: 1-5.

[90] WANG Y, HAZEN B T. Consumer product knowledge and intention to purchase remanufactured products[J]. International Journal of Production Economics, 2016, 181: 460-469.

[91] CHEKIMA B, WAFA S A W S K, IGAU O A, et al. Examining green consumerism motivational drivers: does premium price and demographics matter to green purchasing?[J]. Journal of Cleaner Production, 2016, 112: 3436-3450.

[92] SAKAI S, YOSHIDA H, HIRAI Y, et al. International comparative study of 3R and waste management policy developments[J]. Journal of Material Cycles and Waste Management, 2011, 13(2): 86-102.

[93] WINANS K, KENDALL A, DENG H. The history and current applications of the circular economy concept[J]. Renewable and Sustainable Energy Reviews, 2017, 68: 825-833.

[94] MURRAY A, SKENE K, HAYNES K. The circular economy: an interdisciplinary exploration of the concept and application in a global context[J]. Journal of Business Ethics, 2017, 140(3): 369-380.

[95] CASTILLO H, PITFIELD D E. ELASTIC–A methodological framework for identifying and selecting

sustainable transport indicators[J]. Transportation Research Part D: Transport and Environment, 2010, 15(4): 179-188.

[96] TAM M C Y, TUMMALA V M R. An application of the AHP in vendor selection of a telecommunications system[J]. Omega, 2001, 29(2): 171-182.

[97] ATTHIRAWONG W, MACCARTHY B. Identification of the location pattern of manufacturing plants in Thailand[C]//Proceedings of the 6th International Manufacturing Research Symposium. 2001: 1-13.

[98] FORMAN E, PENIWATI K. Aggregating individual judgments and priorities with the analytic hierarchy process[J]. European Journal of Operational Research, 1998, 108(1): 165-169.

[99] 张越, 房乐宪. 欧盟可持续发展战略演变: 内涵, 特征与启示[J]. 同济大学学报（社会科学版）, 2017, 28（6）: 36-46.

[100] KIRCHHERR J, REIKE D, HEKKERT M. Conceptualizing the circular economy: An analysis of 114 definitions[J]. Resources, Conservation and Recycling, 2017, 127: 221-232.

[101] BJOERKDAHL J . Technology cross-fertilization and the business model: The case of integrating ICTs in mechanical engineering products[J]. Research Policy, 2009, 38(9):1468-1477.

[102] SARASINI S, LINDER M. Integrating a business model perspective into transition theory: The example of new mobility services[J]. Environmental Innovation and Societal Transitions, 2018, 27: 16-31.

[103] GEISSDOERFER M, MORIOKA S N, DE CARVALHO M M, et al. Business models and supply chains for the circular economy[J]. Journal of Cleaner Production, 2018, 190: 712-721.

[104] ÜNAL E, SHAO J. Taxonomy of Circular Economy Implementation Strategies: Analysis of 391 Cradle to Cradle Products[C]//Academy of Management Proceedings. Briarcliff Manor, NY 10510: Academy of Management, 2018, 2018(1): 15377.

[105] CLAUSS T. Measuring business model innovation: conceptualization, scale development, and proof of performance[J]. R&D Management, 2017, 47(3): 385-403.

[106] 尹世久, 徐迎军, 陈默. 消费者有机食品购买决策行为与影响因素研究[J]. 中国人口·资源与环境, 2013, 23（7）: 136-141.

[107] 尹政平, 曹小勇. 购买低碳商品的影响因素实证分析——基于绿色牛奶消费的调研数据[J]. 中央财经大学学报, 2012（9）: 54-59.

[108] SHAO J, ÜNAL E. What do consumers value more in green purchasing? Assessing the sustainability practices from demand side of business[J]. Journal of Cleaner Production, 2019, 209: 1473-1483.

[109] LIU Y , BAI Y . An exploration of firms' awareness and behavior of developing circular economy: An empirical research in China[J]. Resources Conservation & Recycling, 2014, 87:145-152.

[110] BOUZON M, GOVINDAN K, RODRIGUEZ C M T. Evaluating barriers for reverse logistics implementation under a multiple stakeholders' perspective analysis using grey decision making approach[J]. Resources, Conservation and Recycling, 2018, 128: 315-335.

[111] GUO B, GENG Y, STERR T, et al. Investigating public awareness on circular economy in western China:

A case of Urumqi Midong[J]. Journal of Cleaner Production, 2017, 142: 2177-2186.

[112] WALSH B P, BRUTON K, O'SULLIVAN D T J. The true value of water: A case-study in manufacturing process water-management[J]. Journal of Cleaner Production, 2017, 141: 551-567.

[113] RAUTER R, JONKER J, BAUMGARTNER R J. Going one's own way: drivers in developing business models for sustainability[J]. Journal of Cleaner Production, 2017, 140: 144-154.

[114] FIRNKORN J, MUELLER M. Selling Mobility instead of Cars: New Business Strategies of Automakers and the Impact on Private Vehicle Holding[J]. Business Strategy & theEnvironment, 2012, 21(4):264-280.

[115] PEARCE J A. The profit-making allure of product reconstruction[J]. MIT Sloan Management Review, 2009, 50(3): 59.

[116] MONT O K. Clarifying the concept of product－service system[J]. Journal of Cleaner Production, 2002, 10(3): 237-245.

[117] SEITZ M A. A critical assessment of motives for product recovery: the case of engineremanufacturing[J]. Journal of Cleaner Production, 2007, 15(11-12): 1147-1157.

[118] RIZOS V, BEHRENS A, VAN DER GAAST W, et al. Implementation of circular economy business models by small and medium-sized enterprises (SMEs): Barriers and enablers[J]. Sustainability, 2016, 8(11): 1212.

[119] TUKKER A. Product services for a resource-efficient and circular economy - A review[J]. Journal of Cleaner Production, 2015, 97:76-91.

[120] LINDER M, WILLIANDER M. Circular business model innovation: inherent uncertainties[J]. Business Strategy and the Environment, 2017, 26(2): 182-196.

[121] YANG S, HUI N. Research on the construction of ecological civilization in foreign[J]. Ecological Economy (in Chinese), 2017(5): 181-185.

[122] 杨志江，罗掌华. 我国经济增长方式绿色转型的驱动因素研究[J]. 科学管理研究，2019（1）：9-12.

[123] DENDLER L, DEWICK P. Institutionalising the organic labelling scheme in China: A legitimacy perspective[J]. Journal of Cleaner Production, 2016, 134: 239-250.

[124] SCHROEDER P. Assessing effectiveness of governance approaches for sustainable consumption and production in China[J]. Journal of Cleaner Production, 2014, 63: 64-73.

[125] RUI-DONG CHANG, SOEBARTO V, ZHAO Z Y, et al. Facilitating the transition to sustainable construction: China's policies[J]. Journal of Cleaner Production, 2016.

[126] WANG Z, ZHANG B, YIN J, et al. Determinants and policy implications for household electricity-saving behaviour: Evidence from Beijing, China[J]. Energy Policy, 2011, 39(6):3550-3557.

[127] 包忠明，陶正. 居民消费模式的演进及可持续消费模式的构建[J]. 商业经济，2016（11）：6-8.

[128] 王海燕，陈欣，于荣. 质量链协同视角下的食品安全控制与治理研究[J]. 管理评论，2016, 28（11）：228-234.

[129] 张智光. 面向生态文明的超循环经济：理论、模型与实例[J]. 生态学报，2017, 37（13）：4549-4561.

[130] Li J, PAN S Y, KIM H, et al. Building green supply chains in eco-industrial parks towards a green economy: Barriers and strategies[J]. Journal of Environmental Management,2015, 162: 158-170.

[131] DONG L, FUJITA T, DAI M, et al. Towards preventative eco-industrial development: an industrial and urban symbiosis case in one typical industrial city in China[J]. Journal of Cleaner Production, 2016, 114:387-400.

[132] HARA K, YABAR H, UWASU M, et al. Energy intensity trends and scenarios for China's industrial sectors: a regional case study[J]. Sustainability Science, 2011, 6(2): 123-134.

[133] GENG Y, FU J, SARKIS J, et al. Towards a national circular economy indicator system in China: an evaluation and critical analysis[J]. Journal of Cleaner Production, 2012, 23(1): 216-224.

[134] QING Y, MINGYUE C, QIONGQIONG G A O. Research on the circular economy in west China[J]. Energy Procedia, 2011, 5: 1425-1432.

[135] QING Y, QIONGQIONG G, MINGYUE C. Study and integrative evaluation on the development of circular economy of Shaanxi province[J]. Energy Procedia, 2011, 5: 1568-1578.

[136] WANG C, WANG Y, GENG Y, et al. Measuring regional sustainability with an integrated social-economic-natural approach: a case study of the Yellow River Delta region of China[J]. Journal of Cleaner Production, 2015: S0959652615007003.

[137] LU Y, GENG Y, LIU Z, et al. Measuring sustainability at the community level: An overview of China's indicator system on National Demonstration Sustainable Communities[J]. Journal of Cleaner Production, 2016, 143: 326-335.

[138] CHEN W, ZHONG S, GENG Y, et al. Emergy based sustainability evaluation for Yunnan Province, China[J]. Journal of Cleaner Production, 2017, 162: 1388-1397.

[139] 资源强制回收产业技术创新战略联盟. 2017 世界循环经济论坛在芬兰赫尔辛基顺利召开[EB/OL]. (2017-06-06) [2020-08-08]. http://www.atcrr.org/show-17-2871-1.html.

[140] MANNINEN K, KOSKELA S, ANTIKAINEN R, et al. Do circular economy business models capture intended environmental value propositions?[J]. Journal of Cleaner Production, 2018, 171: 413-422.

[141] BOCKEN N M P, SHORT S W, RANA P, et al. A literature and practice review to develop sustainable business model archetypes[J]. Journal of Cleaner Production, 2014, 65: 42-56.

[142] STEFFEN W, RICHARDSON K, ROCKSTRÖM J, et al. Planetary boundaries: Guiding human development on a changing planet[J]. Science, 2015, 347(6223).

[143] RANTA V, AARIKKA-STENROOS L, MÄKINEN S J. Creating value in the circular economy: A structured multiple-case analysis of business models[J]. Journal of Cleaner Production, 2018, 201: 988-1000.

[144] NUßHOLZ J L K. A circular business model mapping tool for creating value from prolonged product lifetime and closed material loops[J]. Journal of Cleaner Production, 2018, 197: 185-194.

[145] GEELS F W. Join the Sustainability Transitions Research Network (STRN)[J]. Environmental Innovation

and Societal Transitions, 2011, 2(1): 192-194.

[146] PEARCE J A. The profit-making allure of product reconstruction[J]. MIT Sloan Management Review, 2009, 50(3): 59.

[147] HUANG J W, LI Y H. Green innovation and performance: The view of organizational capability and social reciprocity[J]. Journal of Business Ethics, 2017, 145(2): 309-324.

[148] LEONIDOU L C, CHRISTODOULIDES P, KYRGIDOU L P, et al. Internal drivers and performance consequences of small firm green business strategy: The moderating role of external forces[J]. Journal of Business Ethics, 2017, 140(3): 585-606.

[149] ABBEY J D, MELOY M G, GUIDE JR V D R, et al. Remanufactured products in closed-loop supply chains for consumer goods[J]. Production and Operations Management, 2015, 24(3): 488-503.

[150] JOHN S T, SRIDHARAN R. Modelling and analysis of network design for a reverse supply chain[J]. Journal of Manufacturing Technology Management, 2015, 26(6): 853.

[151] LUND R T. Remanufacturing[J]. Technology Review, 1984, 87(2): 19-27.

[152] GUIDE JR V D R, VAN WASSENHOVE L N. Managing product returns for remanufacturing[J]. Production and Operations Management, 2001, 10(2): 142-155.

[153] LOW J S C, NG Y T. Improving the economic performance of remanufacturing systems through flexible design strategies: a case study based on remanufacturing laptop computers for the Cambodian market[J]. Business Strategy and the Environment, 2018, 27(4): 503-527.

[154] CHIARINI A. Strategies for developing an environmentally sustainable supply chain: differences between manufacturing and service sectors[J]. Business Strategy and the Environment, 2014, 23(7): 493-504.

[155] GEISSDOERFER M, MORIOKA S N, DE CARVALHO M M, et al. Business models and supply chains for the circular economy[J]. Journal of Cleaner Production, 2018, 190: 712-721.

[156] WANG L, CAI G, TSAY A A, et al. Design of the reverse channel for remanufacturing: must profit-maximization harm the environment?[J]. Production and Operations Management, 2017, 26(8): 1585-1603.

[157] ATASU A, SARVARY M, VAN WASSENHOVE L N. Remanufacturing as a marketing strategy[J]. Management Science, 2008, 54(10): 1731-1746.

[158] JIA J, XU S H, GUIDE JR V D R. Addressing supply-demand imbalance: Designing efficient remanufacturing strategies[J]. Production and Operations Management, 2016, 25(11): 1958-1967.

[159] KOVACH J J, ATASU A, BANERJEE S. Salesforce incentives and remanufacturing[J]. Production and Operations Management, 2018, 27(3): 516-530.

[160] SHAO J, TAISCH M, ORTEGA-MIER M. A grey-decision-making Trial and Evaluation Laboratory (DEMATEL) analysis on the barriers between environmentally friendly products and consumers: practitioners' viewpoints on the European automobile industry[J]. Journal of Cleaner Production, 2016, 112: 3185-3194.

[161] BANYTĖ J, BRAZIONIENĖ L, GADEIKIENĖ A. Investigation of green consumer profile: a case of Lithuanian market of eco-friendly food products[J]. Ekonomika Ir Vadyba, 2010 (15): 374-383.

[162] YOUNG W, HWANG K, MCDONALD S, et al. Sustainable consumption: green consumer behaviour when purchasing products[J]. Sustainable Development, 2010, 18(1): 20-31.

[163] CANIATO F, CARIDI M, CRIPPA L, et al. Environmental sustainability in fashion supply chains: An exploratory case based research[J]. International Journal of Production Economics, 2012, 135(2): 659-670.

[164] HAZEN B T, MOLLENKOPF D A, WANG Y. Remanufacturing for the circular economy: An examination of consumer switching behavior[J]. Business Strategy and the Environment, 2017, 26(4): 451-464.

[165] GARBIE I. Identifying challenges facing manufacturing enterprises toward implementing sustainability in newly industrialized countries[J]. Journal of Manufacturing Technology Management, 2017.

[166] KUO T C, MA H Y, HUANG S H, et al. Barrier analysis for product service system using interpretive structural model[J]. The International Journal of Advanced Manufacturing Technology, 2010, 49(1-4): 407-417.

[167] RIISGAARD H, MOSGAARD M, ZACHO K O. Local circles in a circular economy–the case of smartphone repair in Denmark[J]. European Journal of Sustainable Development, 2016, 5(1): 109-109.

[168] SABBAGHI M, CADE W, BEHDAD S, et al. The current status of the consumer electronics repair industry in the US: A survey-based study[J]. Resources, Conservation and Recycling, 2017, 116: 137-151.

[169] KISSLING R, COUGHLAN D, FITZPATRICK C, et al. Success factors and barriers in re-use of electrical and electronic equipment[J]. Resources, Conservation and Recycling, 2013, 80: 21-31.

[170] MILOVANTSEVA N, FITZPATRICK C. Barriers to electronics reuse of transboundary e-waste shipment regulations: An evaluation based on industry experiences[J]. Resources, Conservation and Recycling, 2015, 102: 170-177.

[171] SINGH J, ORDOÑEZ I. Resource recovery from post-consumer waste: important lessons for the upcoming circular economy[J]. Journal of Cleaner Production, 2016, 134: 342-353.

[172] BESCH K. Product-service systems for office furniture: barriers and opportunities on the European market[J]. Journal of Cleaner Production, 2005, 13(10-11): 1083-1094.

[173] RAVI V, SHANKAR R. Analysis of interactions among the barriers of reverse logistics[J]. Technological Forecasting and Social Change, 2005, 72(8): 1011-1029.

[174] SAUVÉ S, BERNARD S, SLOAN P. Environmental sciences, sustainable development and circular economy: Alternative concepts for trans-disciplinary research[J]. Environmental Development, 2016, 17: 48-56.

[175] ADAMS K T, OSMANI M, THORPE T, et al. Circular economy in construction: current awareness, challenges and enablers[C]//Proceedings of the Institution of Civil Engineers-Waste and Resource Management. Thomas Telford Ltd, 2017, 170(1): 15-24.

[176] PRENDEVILLE S, BOCKEN N. Design for remanufacturing and circular business models[M]// Sustainability Through Innovation in Product Life Cycle Design. Singapore: Springer, 2017: 269-283.

[177] KRYSTOFIK M, WAGNER J, GAUSTAD G. Leveraging intellectual property rights to encourage green product design and remanufacturing for sustainable waste management[J]. Resources, Conservation and Recycling, 2015, 97: 44-54.

[178] SUNDIN E, LINDAHL M, IJOMAH W. Product design for product/service systems: Design experiences from Swedish industry[J]. Journal of Manufacturing Technology Management, 2009, 20(5): 723-753.

[179] HANSEN E G, SCHALTEGGER S. Sustainability balanced scorecards and their architectures: Irrelevant or misunderstood? [J]. Journal of Business Ethics, 2018, 150(4): 937-952.

[180] ZHIJUN F, NAILING Y. Putting a circular economy into practice in China[J]. Sustainability Science, 2007, 2(1):95-101.

[181] PAN S Y, DU M A, HUANG I T, et al. Strategies on implementation of waste-to-energy (WTE) supply Chain for circular economy system: a review[J]. Journal of Cleaner Production, 2015, 108: 409-421.

[182] MERLI R, PREZIOSI M, ACAMPORA A. How do scholars approach the circular economy? A systematic literature review[J]. Journal of Cleaner Production, 2018, 178: 703-722.

[183] KARAKAYA E, HIDALGO A, NUUR C. Motivators for adoption of photovoltaic systems at grid parity: A case study from Southern Germany[J]. Renewable and Sustainable Energy Reviews, 2015, 43: 1090-1098.

[184] PAINULY J P. Barriers to renewable energy penetration; a framework for analysis[J]. Renewable Energy, 2001, 24(1): 73-89.

[185] GENG Y, ZHU Q, DOBERSTEIN B, et al. Implementing China's circular economy concept at the regional level: A review of progress in Dalian, China[J]. Waste Management, 2009, 29(2): 996-1002.

[186] SU B, HESHMATI A, GENG Y, et al. A review of the circular economy in China: moving from rhetoric to implementation[J]. Journal of Cleaner Production, 2013, 42: 215-227.

[187] DEMARTINI M, PINNA C, ALIAKBARIAN B, et al. Soft drink supply chain sustainability: A case based approach to identify and explain best practices and key performance indicators[J]. Sustainability, 2018, 10(10): 3540.

[188] REED B. Shifting from 'sustainability' to regeneration[J]. Building Research & Information, 2007, 35(6): 674-680.

[189] GHISELLINI P, CIALANI C, ULGIATI S. A review on circular economy: the expected transition to a balanced interplay of environmental and economic systems[J]. Journal of Cleaner Production, 2016, 114: 11-32.

[190] CESCHIN F, GAZIULUSOY I. Evolution of design for sustainability: From product design to design for system innovations and transitions[J]. Design Studies, 2016, 47: 118-163.

[191] GAZIULUSOY A I. A critical review of approaches available for design and innovation teams through the perspective of sustainability science and system innovation theories[J]. Journal of Cleaner Production,

2015, 107: 366-377.

[192] BJØRN A, HAUSCHILD M Z. Absolute versus relative environmental sustainability: What can the cradle-to-cradle and eco-efficiency concepts learn from each other?[J]. Journal of Industrial Ecology, 2013, 17(2): 321-332.

[193] SINGH P J, WIENGARTEN F, NAND A A, et al. Beyond the trade-off and cumulative capabilities models: alternative models of operations strategy[J]. International Journal of Production Research, 2015, 53(13): 4001-4020.

[194] HAYES R H, WHEELWRIGHT S C. Restoring our competitive edge: competing through manufacturing[M]. New York: Wiley, 1984.

[195] JABBOUR C J C, DA SILVA E M, PAIVA E L, et al. Environmental management in Brazil: is it a completely competitive priority?[J]. Journal of Cleaner Production, 2012, 21(1): 11-22.

[196] MILLER J G, ROTH A V. A taxonomy of manufacturing strategies[J]. Management Science, 1994, 40(3): 285-304.

[197] FROHLICH M T, DIXON J R. A taxonomy of manufacturing strategies revisited[J]. Journal of Operations Management, 2001, 19(5): 541-558.

[198] TEECE D J, PISANO G, SHUEN A. Dynamic capabilities and strategic management[J]. Strategic Management Journal, 1997, 18(7): 509-533.

[199] LEONG G K, SNYDER D L, WARD P T. Research in the process and content of manufacturing strategy[J]. Omega, 1990, 18(2): 109-122.

[200] LONGONI A, CAGLIANO R. Environmental and social sustainability priorities[J]. International Journal of Operations & Production Management, 2015.

[201] PORTER M E. What is strategy?[J]. Harvard Business Review, 1996, 74(6): 61-78.

[202] FERDOWS K, DE MEYER A. Lasting improvements in manufacturing performance: in search of a new theory[J]. Journal of Operations Management, 1990, 9(2): 168-184.

[203] FLYNN B B, FLYNN E J. An exploratory study of the nature of cumulative capabilities[J]. Journal of Operations Management, 2004, 22(5): 439-457.

[204] MANNINEN K, KOSKELA S, ANTIKAINEN R, et al. Do circular economy business models capture intended environmental value propositions?[J]. Journal of Cleaner Production, 2018, 171: 413-422.

[205] BARNEY J B. Resource-based theories of competitive advantage: A ten-year retrospective on the resource-based view[J]. Journal of Management, 2001, 27(6): 643-650.

[206] KANUNGO T, MOUNT D M, NETANYAHU N S, et al. An efficient k-means clustering algorithm: Analysis and implementation[J]. IEEE Transactions on Pattern Analysis and Machine Intelligence, 2002, 24(7): 881-892.

[207] HARTIGAN J A, WONG M A. Algorithm AS 136: A k-means clustering algorithm[J]. Journal of the Royal Statistical Society. series c (applied statistics), 1979, 28(1): 100-108.

[208] KETCHEN D J, SHOOK C L. The application of cluster analysis in strategic management research: an analysis and critique[J]. Strategic Management Journal, 1996, 17(6): 441-458.

[209] PUNJ G, STEWART D W. Cluster analysis in marketing research: Review and suggestions for application[J]. Journal of Marketing Research, 1983, 20(2): 134-148.

[210] VORA P, OZA B. A survey on k-mean clustering and particle swarm optimization[J]. International Journal of Science and Modern Engineering, 2013, 1(3): 24-26.

[211] HARRIGAN K R. An application of clustering for strategic group analysis[J]. Strategic Management Journal, 1985, 6(1): 55-73.

[212] TEECE D J. Business models and dynamic capabilities[J]. Long Range Planning, 2018, 51(1): 40-49.

[213] RALAMBONDRAINY H. A conceptual version of the K-means algorithm[J]. Pattern Recognition Letters, 1995, 16(11): 1147-1157.

[214] ROSENZWEIG E D, EASTON G S. Tradeoffs in manufacturing? A meta-analysis and critique of the literature[J]. Production and Operations Management, 2010, 19(2): 127-141.

[215] GALEAZZO A, KLASSEN R D. Organizational context and the implementation of environmental and social practices: what are the linkages to manufacturing strategy?[J]. Journal of Cleaner Production, 2015, 108: 158-168.

[216] REN J, MANZARDO A, TONIOLO S, et al. Sustainability of hydrogen supply chain. Part I: Identification of critical criteria and cause–effect analysis for enhancing the sustainability using DEMATEL[J]. International Journal of Hydrogen Energy, 2013, 38(33): 14159-14171.

[217] ZOTT C, AMIT R. Business model design: an activity system perspective[J]. Long Range Planning, 2010, 43(2-3): 216-226.

[218] TONGUR S, ENGWALL M. The business model dilemma of technology shifts[J]. Technovation, 2014, 34(9): 525-535.